David Bowie

STARDUST INTERVIEWS

Ein Leben in Gesprächen

Zusammengestellt von
Cornelia Künne und Juliane Noßack

Kampa

www.kampaverlag.ch
Satz: Tristan Walkhoefer, Leipzig
Gesetzt aus der Stempel Garamond LT / 220420
Druck und Bindung: GGP Media GmbH, Pößneck
Auch als E-Book erhältlich
ISBN 978 3 311 14005 4

INHALT

»ICH BIN EIN SCHRECKLICHER LÜGNER.«

Im Gespräch mit William S. Burroughs und A. Craig Copetas, 1974

William S. Burroughs: Entwerfen Sie alle Ihre Designs selbst?

David Bowie: Ja, ich muss die totale Kontrolle haben. Ich kann das nicht andere machen lassen. Wenn es um meine Person geht, finde ich, kann ich das am besten. Ich will nicht, dass andere in meinen Ideen rumpfuschen, oder in dem, was sie dafür halten. Ich mag auch nicht lesen, was andere über mich schreiben. Ich lese gern, was die Kids über mich zu sagen haben, weil es nicht ihr Beruf ist, solche Dinge zu sagen.

Die Leute betrachten mich, um herauszufinden, was den Geist der Siebziger ausmacht, oder wenigstens fünfzig Prozent der Leute tun das. Kritiker verstehe ich nicht. Die werden immer sofort intellektuell und haben wenig Ahnung von Umgangssprache. Sie haben dafür ihre Wörterbücher und brauchen immer etwas länger, um zur Sache zu kommen.

Ich war auf einer Mittelschicht-Schule, aber ich stamme aus der Arbeiterklasse. Ich habe aus beiden Welten das Beste mitgenommen. Ich habe beide Schichten kennengelernt und daher einen ziemlich guten Eindruck davon, wie die Menschen leben, warum so und nicht anders. Ich kann es nicht so gut ausdrücken, aber ich kann es gut nachempfinden. Das Leben der Oberschicht kenne ich nicht. Ich möchte mich mal mit der Queen treffen, danach weiß ich dann mehr. Wie soll man mit dem Bild umgehen, das die Leute von einem entwerfen?

Burroughs: Sie stecken einen in Schubladen. Sie möchten ihr eigenes Bild von einem sehen, und wenn sie es nicht zu sehen bekommen, werden sie böse. Beim Schreiben geht es darum, herauszufinden, wie weit man an den Punkt herankommt, wo alles möglich ist. Nur darum geht es in der Kunst. Wollen die Menschen wirklich einen scheinheiligen Priester, der längst nicht mehr an seine Mission glaubt? Ich denke, die Künstler sollten diesen Planeten übernehmen, das ist das Wichtigste überhaupt, denn nur die Künstler zeigen, dass einfach *alles* möglich ist. Warum sollten wir uns den Planeten von den beschissenen Zeitungspolitikern aus der Hand nehmen lassen?

»Man kann doch nicht sein ganzes Leben lang nur einen Standpunkt vertreten.«

Bowie: Ich ändere ständig meine Ansichten. Ich bin meistens unzufrieden mit dem, was ich sage. Ich bin ein schrecklicher Lügner.

Burroughs: Ich auch.

Bowie: Ich bin nicht sicher, ob ich nur oft meine Ansichten ändere oder ob ich lüge. Es ist irgendwie beides. Ich lüge nicht direkt, ich ändere nur ständig meine Meinung. Die

Leute konfrontieren mich immer mit Sachen, die ich mal gesagt habe, und ich sage ihnen, dass das nichts zu bedeuten hat. Man kann doch nicht sein ganzes Leben lang nur einen Standpunkt vertreten.

Burroughs: Nur Politiker legen sich einmal fest, und das war's dann. Nehmen Sie jemanden wie Hitler, der hat nie seine Ansichten geändert.

Bowie: *Nova Express* hat mich wirklich an *Ziggy Stardust* erinnert, den ich auf die Bühne bringen will. Es gibt vierzig Szenen, und mir würde es gefallen, wenn die Schauspieler alle Szenen lernen, und am Abend vor der Aufführung mischen wir sie in einem Hut und führen die einzelnen Szenen so auf, wie sie aus dem Hut gezogen werden. Das habe ich von Ihnen, Bill ... sodass jeden Abend eine neue Aufführung entsteht.

Burroughs: Sehr gute Idee. Eine visuelle Cut-up-Technik auf höherer Ebene.

Bowie: Ich langweile mich sehr schnell, und so würde man immer für neue Energie sorgen. Ich bin da ziemlich altmodisch, ich denke, wenn ein Künstler sein Werk fertig hat, dann gehört es ihm nicht länger ... Ich sehe einfach zu, was die Leute daraus machen. Deswegen muss die TV-Produktion von *Ziggy* noch mal alles übertreffen, was die Leute sich unter *Ziggy* vorstellen.

Burroughs: Könnten Sie diese Ziggy-Stardust-Figur erklären? Wenn ich es recht verstehe, geht es darum, dass die Welt am Rande des Abgrunds steht und innerhalb von fünf Jahren untergeht?

Bowie: Genau. Die Welt hat noch fünf Jahre bis zum Untergang. Es gibt ja all diese Meldungen, dass die Welt am Mangel an Ressourcen zugrunde geht. Ziggy lebt in einer Zeit, in der die Kids alles kriegen können, was sie wollen. Die ältere Generation hat jeden Kontakt zur Realität verloren, deshalb sind die Jungen auf sich allein gestellt und plündern, was geht. Ziggy war Rockmusiker, aber die Kids haben keine Lust mehr auf Rock. Weil es keinen Strom mehr gibt, kann man auch gar nicht mehr spielen. Ziggys Berater empfiehlt ihm, Nachrichten zu singen, weil es sonst keine mehr gibt. Das tut er auch, aber alle Nachrichten sind katastrophal. Darum geht es in ›All The Young Dudes‹ – es ist keine Hymne an die Jugend, sondern das genaue Gegenteil.

Burroughs: Woher kam diese Ziggy-Idee, und woher haben Sie diese Fünfjahresfrist? Die Erschöpfung der Ressourcen bedeutet natürlich nicht das Ende der Welt, sondern den Zusammenbruch der Zivilisation. Und sie wird die Bevölkerung um drei Viertel dezimieren.

Bowie: Eben. Sie bedeutet nicht das Ende für Ziggy. Das kommt für ihn mit der Ankunft der Infinites. Die sind eigentlich ein schwarzes Loch, aber ich habe sie personifiziert, weil ein schwarzes Loch schwer auf die Bühne zu bringen wäre.

Burroughs: Allerdings, es wäre mit ziemlichen Kosten verbunden. Und die Handlung würde sich endlos hinziehen, wenn sie erst die Shaftesbury Avenue verschlucken …

Bowie: Ziggy wird im Traum von den Infinites aufgefordert, die Ankunft eines Sternenmanns zu verkünden, also schreibt er ›Starman‹. Es ist die erste hoffnungsvolle Nachricht, die die Menschen erhalten, und sie klammern sich sofort daran. Die Sternenmänner, von denen er spricht, sind die Infinites, sie bewegen sich fort, indem sie durch schwarze Löcher springen. Ziggy spricht von diesem wunderbaren Sternenmann, der zu ihnen kommen wird, um die Erde zu retten. Sie kommen irgendwo im Greenwich Village an. Die Erde interessiert sie gar nicht, und sie können uns gar nicht groß nützen. Sie sind nur zufällig im Universum auf uns gestoßen, weil sie von Loch zu Loch springen. Ihr Leben besteht nur aus Reisen von einem Universum zum nächsten. In der Bühnenversion ähnelt einer von ihnen Marlon Brando, ein anderer ist ein Schwarzer aus New York. Ich habe sogar einen mit Namen »Queenie the Infinite Fox«.

Ziggy glaubt bald selbst an die ganze Geschichte und hält sich für den Propheten der kommenden Sternenmänner. Er erhebt sich zu unglaublichen spirituellen Höhen und wird von seinen Jüngern am Leben gehalten. Als die Infinites schließlich kommen, verleiben sie sich Teile von Ziggy ein, um sich selbst zu materialisieren, denn in ihrer Originalgestalt sind sie Antimaterie und können in unserer Welt nicht existieren. Zu dem Song ›Rock 'n' Roll Suicide‹ reißen sie Ziggy in Stücke. In dem Moment, wo Ziggy auf der Bühne stirbt, übernehmen die Infinites seine Bestandteile und werden sichtbar. Es ist ein Science-Fiction-Märchen von heute, und das ist es, was mich wirklich umgehauen hat, als ich *Nova Express* gelesen habe, das 1961 geschrieben wurde. Vielleicht sind wir beide die Rodgers und Hammerstein der Siebziger, Bill!

Burroughs: Ja, die Parallelen sind eindeutig vorhanden, und es klingt gut.

Bowie: Ich brauche den Gesamteindruck einer Bühnenshow. Ich brauche diese Totalität. Songs zu schreiben, reicht mir nicht, ich will etwas Dreidimensionales schaffen. Als Kunstform scheint mir das Songschreiben etwas veraltet und unzulänglich.

Burroughs: Es geht um die ganze Performance. Nicht nur um jemanden, der am Klavier sitzt und etwas spielt.

Bowie: Ein Song braucht einen Charakter, eine Form, einen Körper, und er muss die Leute so beeinflussen, dass sie ihn für ihre Zwecke benutzen können. Er muss sie nicht nur als Song beeindrucken, sondern als Lebensgefühl. Rockstars haben immer alle möglichen Philosophien, Stile, Schriften in sich aufgesaugt und dann verbreitet, was davon hängengeblieben ist.

»Songs zu schreiben, reicht mir nicht, ich will etwas Dreidimensionales schaffen.«

Burroughs: Die Revolution entsteht, indem man die anderen ignoriert, bis sie zu existieren aufhören.

Bowie: Im Ernst, das geschieht heute schneller als je zuvor. Musiker wie Alice Cooper, die New York Dolls oder Iggy Pop ignorieren die Anhänger der Stones und Beatles total und unwiderruflich. Die Generationenkluft hat sich von zwanzig auf zehn Jahre verringert.

Burroughs: Das Tempo der Veränderung zieht an. Die Verantwortung dafür tragen die Medien, ihre Wirkung scheint unberechenbar.

Bowie: Früher einmal, selbst noch als ich so dreizehn, vierzehn war, empfand ich alles, was zwischen vierzehn bis vierzig war, als gleich alt. Heute gibt es schon zwischen achtzehn und sechsundzwanzig unglaubliche Unterschiede. Eigentlich ziemlich beunruhigend. Wir versuchen aber nicht, die Menschen näher zusammenzubringen, sondern fragen uns vielmehr, wie viel Zeit noch bleibt. Es wäre auf angenehme Weise langweilig, wenn die Menschen sich besser verstünden. Mich interessiert vor allem, ob der Planet noch überleben kann.

Burroughs: Dabei geschieht ja das Gegenteil, die Leute driften immer weiter auseinander.

Bowie: Diese Idee, Leute zusammenzubringen, riecht für mich sehr nach Flower-Power-Zeiten. Dass die Leute alle an einem Strang ziehen sollen, finde ich widernatürlich. Es ist einfach nicht menschlich und auch keineswegs ein Naturprinzip, wie es viele sehen.

A. Craig Copetas: Was ist mit der Liebe?

Burroughs: Uff.

Bowie: Mir gefällt das Wort »Liebe« nicht besonders.

Burroughs: Mir auch nicht.

Bowie: Mir wurde gesagt, es sei cool, sich zu verlieben, aber die Zeit des Verliebtseins war alles andere als cool. Ich habe so viel Zeit und Energie in einen anderen Menschen gesteckt und der andere in mich, und wir haben uns nur gegenseitig verausgabt. Und das soll also die Liebe sein ... wenn wir all unsere Werte auf jemand anderen übertragen. Es ist wie zwei Podeste, die beide Podest für den anderen sein wollen.

Burroughs: Ich glaube nicht, dass »Liebe« ein geeigneter Begriff ist. Er basiert auf der Trennung von einer Sache namens »Sex« und einer Sache namens »Liebe«, die angeblich zwei verschiedene Dinge sind. Wie in den Old-South-Geschichten, wo die Frau aufs Podest erhoben wird, und ihr Mann himmelt sie an und geht dann los und fickt mit einer Hure. Das ist ein primär westliches Konstrukt, und das wurde dann zu dieser Flower-Power-Idee ausgeweitet, von wegen jeder liebt jeden. Tja, aber das geht nicht, weil die Interessen zu verschieden sind.

Bowie: Das Wort ist falsch, keine Frage. Es kommt darauf an, was wir unter Liebe verstehen wollen. Die Liebe, die wir um uns herum sehen, zwei Leute, die sagen: »Wir lieben uns«, das ist nett anzusehen ... Aber nicht allein sein zu wollen, jemanden haben zu wollen, auf den man sich für ein paar Jahre verlassen kann, das ist oft nicht die Liebe, die ein ganzes Leben lang trägt. Es bräuchte ein anderes Wort. Ich weiß nicht, ob es ein Wort ist. Liebe ist eigentlich jede Art von Beziehung ... Ich denke, es bedeutet »Beziehung«. Jede erdenkliche Art von Beziehung.

Copetas: Was ist mit der Sexualität, wo entwickelt sie sich hin?

Bowie: Sexualität und wo sie sich hin entwickelt – das ist eine ungeheure Frage, denn ich sehe nicht, dass sie sich überhaupt entwickelt. Sie ist in mir, und das ist alles. Das ist nicht wie die Lancierung einer Werbekampagne fürs nächste Jahr. Sie ist einfach da. Alles, was Sie sich nur vorstellen können unter Sexualität, ist einfach da. Vielleicht gibt es viele verschiedene Arten von Sexualität, vielleicht sind sie heute sichtbarer. Früher war es undenkbar, seine Homosexualität öffentlich zu zeigen. Heute ist sie akzeptiert. Die Sexualität wird sich nie ändern, denn die Menschen ficken auf ihre ganz persönliche Weise seit den Anfängen der Zeit und werden es auch weiterhin tun. Nur werden immer mehr sexuelle Eigenarten bekannt. Vielleicht verfallen wir auch wieder in einen Zustand der Prüderie.

Burroughs: Es gibt Anzeichen, dass es in diese Richtung geht, ein echter Rückschlag.

Bowie: Ja, wenn man sich das Rockbusiness ansieht. Der arme Clive Davis. Man hat ihn dabei erwischt, wie er sich mit einer Menge Geld aus dem Staub machen wollte, und ihm wurden auch Drogengeschichten angehängt. Und das hat zu einer regelrechten Säuberungskampagne geführt. Einige Plattenfirmen haben sogar Künstler vor die Tür gesetzt.

Ich werde von vielen Leuten als eher asexuell betrachtet. Und die Menschen, die mich am besten kennen, verstehen am ehesten, wie ich mich selbst sehe, was nicht viel heißen will, denn ich bin noch auf der Suche. Ich weiß nicht, die Menschen, die mir nahestehen, betrachten mich eher als eine Art erogenes Wesen. Aber die Leute, die nicht so viel über mich wissen, betrachten mich eher sexuell.

Aber auch das hat vielleicht etwas mit dem Desinteresse am Sex ab einem bestimmten Alter zu tun, weil die Leute, die mir nahestehen, für gewöhnlich älter sind. Die, die mich eher als sexuelles Wesen betrachten, sind in der Regel jünger. Die jüngeren Leute setzen sich mit den Texten ganz anders auseinander. Es geht da mehr um ein taktiles Begreifen, wie ich es auch selbst bevorzuge. Das gibt mir einen Kick, auch in der Literatur, vor allem bei den Texten von William. Ich kann nicht behaupten, dass ich analytisch lesen würde und verstehe, was genau Sie ausdrücken wollen, aber ich kann fühlen, was Sie meinen. Es ist einfach da – ein riesiges Spiegelkabinett voller sonderbarer Formen und Farben, Gerüche und Gefühle.

Ich muss gestehen, dass ich lange kein großer Leser von Williams Werk war. Ich bin ehrlich gesagt nie über Kerouac hinausgekommen. Aber als ich angefangen habe, Ihre Bücher zu lesen, konnte ich es einfach nicht glauben. Vor allem, nachdem ich *Nova Express* gelesen hatte. Das hat mich unmittelbar angesprochen. Mein Ego hat mich irgendwie zum Kapitel ›Farbe bekennen‹ geführt, und von da habe ich mich quer durch den Roman gearbeitet.

Burroughs: Ihre eigenen Texte sind sehr scharfsinnig.

Bowie: Ein bisschen Mittelschicht, was ich aber okay finde, schließlich komme ich da ja her.

Burroughs: Mich überrascht, dass Sie ein Massenpublikum ansprechen, obwohl Ihre Texte so komplex sind. Inhaltlich laufen doch die meisten Poptexte gegen null, so was wie ›Power To The People‹.

Bowie: Ich bin mir ziemlich sicher, dass mein Publikum kaum auf die Texte achtet.

Burroughs: Darüber wüsste ich gern mehr. Verstehen Ihre Hörer, was Sie singen?

Bowie: Wahrscheinlich eher vermittelt durch die Medien. Erst danach setzen sie sich hin und hören genauer zu. Aber auf dem Niveau, auf dem sie meine Texte lesen, verstehen sie sie auch. Sie schicken mir ihre Interpretationen, was ich toll finde, weil ich selbst nicht immer weiß, was ich singe.

Manchmal schreibe ich etwas, und dann bekomme ich Briefe von Kids, deren Interpretation ich mir so zu Herzen nehme, dass ich sie aufgreife und eigentlich schreibe, worum mein Publikum mich bittet.

Lou Reed ist der wichtigste und einflussreichste Texter im aktuellen Rock. Weniger wegen der Themen als durch die Richtung, die er ihnen gibt. Ohne Lou gäbe es die Hälfte aller neuen Bands nicht. Es ist erstaunlich, was er mit seinen Sachen losgetreten hat. New York ist Lou Reed. Er schreibt auf Straßenhöhe, während die Engländer eher intellektualisieren.

Burroughs: Was inspiriert Sie denn beim Schreiben? Literatur?

Bowie: Eher nicht.

Burroughs: Also, ich habe ›Eight Line Poem‹ gelesen, und das hat mich stark an T. S. Eliot erinnert.

Bowie: Nie gelesen.

Burroughs: (*Lacht.*) Das erinnert sehr an *Das wüste Land*. Bringen Ihre Träume Sie auf Ideen?

Bowie: Oft.

Burroughs: Siebzig Prozent meiner Einfälle stammen aus meinen Träumen.

Bowie: Es gibt diesen Trick ... Wenn man die Ellbogen beim Einschlafen hochhält, schläft man nie tiefer als auf Traumebene. Das versuche ich oft und träume dann viel länger, als wenn ich entspannt schlafen würde.

Burroughs: Ich träume sehr viel. Ich habe einen leichten Schlaf und wache oft auf, dann notiere ich ein paar Worte, die mir später die ganze Idee wieder ins Gedächtnis holen.

Bowie: Ich habe einen Rekorder neben dem Bett, in den ich einfach spreche. Was die Inspiration angeht, hat sich meine Perspektive vermutlich seit meinem zwölften Lebensjahr nicht wesentlich verändert, wirklich, ich bin geistig auf dem Niveau eines Zwölfjährigen. Als ich noch zur Schule ging, war mein Bruder ein Fan von Kerouac, und er gab mir *Unterwegs* zu lesen. Das ist immer noch ein starker Einfluss.

Copetas: Die Bilder, die Sie beide verwenden, haben etwas sehr Grafisches, fast Comicartiges.

Bowie: Na ja, solche kleinen Skizzen fallen mir nun mal leicht. Wenn ich etwas richtig Anspruchsvolles versuche, merke ich sofort, dass ich mich in der falschen Liga befinde. Ich würde nicht das richtige Maß finden, in dem, was ich sage. Abgesehen davon, wenn man wirklich anspruchsvoll schreiben will, dann bleibt nicht mehr viel Zeit zum Lesen oder zum Musikhören. Es gibt für mich keinen Grund, anspruchsvoller werden zu wollen … Es gibt viel zu viele Sachen, die ich lesen will, die ich ansehen will. Wenn die Leute drei Stunden lesen, was man geschrieben hat, sind sie danach sieben Stunden am Analysieren, sie sind sieben Stunden mit ihren eigenen Gedanken beschäftigt. Dagegen, wenn sie etwas von einem lesen, was nur dreißig Sekunden dauert, dann sind sie immer noch sieben Stunden mit ihren eigenen Gedanken beschäftigt. Es sind einzelne Bilder, die wie Haken wirken, und dann dozieren sie über diese Haken. Deswegen wirken Bilder so stark, es ist ihre Unmittelbarkeit. Es geht um den Moment. Das ist einer der Gründe, warum ich mich mit Videofilmen beschäftige. Das Bild muss unmittelbar im Moment wirken. Ich liebe Video, die ganze Schnitttechnik.

Was sind Ihre Projekte im Moment?

Burroughs: Im Moment versuche ich, ein Institut für weiterbildende Studien auf die Beine zu stellen, irgendwo in Schottland. Ziel ist es, unsere Wahrnehmung zu erweitern und das Bewusstsein zu verändern hin zu einer größeren Bandbreite, Flexibilität und Geschwindigkeit, was keine der üblichen Fachrichtungen bislang geschafft hat. Wir stehen an der Schwelle zum Weltraumzeitalter, und die Möglichkeit, Galaxien zu erforschen und Kontakt zu außerirdischen Lebensformen aufzunehmen, erfordert ganz neue Ansätze. Es werden ausschließlich nicht-chemische Methoden in Betracht gezogen, das Gewicht liegt auf Assoziation, Synthese, Interaktion und Methodenwechsel der verschiedenen östlichen und westlichen Ansätze sowie neuer Ansätze zur Wahrnehmungsförderung und zur Vergrößerung des menschlichen Potenzials.

Wir wissen genau, was wir erreichen wollen und wie wir vorgehen wollen. Wie gesagt – keine Drogenexperimente und auch sonst keine Drogen, nur Alkohol und Tabak sollen dort erlaubt sein und Medikamente zu persönlichen Behandlungszwecken. Die Versuche sollen nicht mit größeren Kosten verbunden und einfach durchzuführen sein. Sachen wie Meditation und Yoga, Übungen zur Kommunikation, Licht- und Klangexperimente, Experimente mit Isolationskammern, mit Pyramiden, psychotronischen Generatoren, mit Reichs Orgonakkumulator, Experimente mit Infraschall, mit Traum und Schlaf.

Bowie: Klingt faszinierend. Geht es dabei vor allem um Energieformen?

Burroughs: Um Wahrnehmungsförderung, die am Ende eine Mutation bewirkt. Haben Sie *Journeys Out of the Body* gelesen? Nicht das allgemein bekannte Zeug über astrale Projektion. Da hat ein amerikanischer Geschäftsmann wiederholt die Erfahrung gemacht, dass er seinen Körper verlässt – der hat nie halluzinogene Drogen genommen. Er macht sich jetzt dran, die Astralwellen gezielt einzusetzen. Diese Psychogeschichte ist in den Staaten zurzeit der große Hit. Hatten Sie damit zu tun, als Sie drüben waren?

»Als Jugendlicher habe ich mich mit tibetanischem Buddhismus beschäftigt – auch ein Kerouac-Einfluss.«

Bowie: Nein, ich habe mich bewusst davon ferngehalten. Als Jugendlicher habe ich mich mit tibetanischem Buddhismus beschäftigt – auch ein Kerouac-Einfluss. Es gab da dieses Institut für tibetanischen Buddhismus, das habe ich mir mal angesehen. Und da saß dann ein Typ im Keller, der war der Organisator für die Verteilung der Flüchtlinge. Er hatte für sie einen Platz in Schottland gefunden. Ich bin da auf dieser rein sozialen Schiene eingestiegen. Ich wollte den Leuten bei der Flucht aus Indien helfen, denn denen ging es wirklich beschissen. Die sind wie die Fliegen gestorben durch die veränderten Bedingungen im Himalaya. Schottland war ein ziemlich guter Ort, um sie unterzubringen, und dann wurde ich immer mehr in ihre Art des Denkens hineingezogen, oder ihre Art des Nicht-Denkens, und eine Zeit lang bin ich wirklich voll darin aufgegangen. Das ging so weit, dass ich überlegt habe, Mönch zu werden. Aber zwei Wochen vor dem entscheidenden Schritt habe ich hingeschmissen, ich bin nach draußen gegangen, auf die Straße, habe mich betrunken und nie wieder einen Gedanken daran verschwendet.

Burroughs: Genau wie Kerouac.

Bowie: Sind Sie oft in den Staaten?

Burroughs: Seit ’71 nicht mehr.

Bowie: Hat sich ziemlich verändert seither.

Burroughs: Wann waren Sie das letzte Mal da?

Bowie: Ungefähr vor einem Jahr.

Burroughs: Haben Sie sich in New York ein paar von den Pornofilmen angesehen?

Bowie: Ja, ziemlich viele sogar.

Burroughs: Als ich das letzte Mal da war, habe ich etwa dreißig gesehen. Ich war in einer Jury bei einem Festival für erotische Kunst.

Bowie: Die besten waren die deutschen. Die waren wirklich unglaublich.

Burroughs: Ich fand die amerikanischen am besten. Ich mag Filme wirklich sehr … Ich habe gehört, Sie spielen vielleicht die Rolle des Valentine Michael Smith, in einer Adaption von *Fremder in einer fremden Welt*.

Bowie: Nein, ich mag das Buch nicht sonderlich. Ehrlich gesagt, finde ich es schrecklich. Man hat mir angeboten, in dem Film mitzumachen, und dann habe ich es gelesen. Es kam mir sehr flower-power-mäßig vor, und das hat mich misstrauisch gemacht.

Burroughs: Ich bin auch nicht glücklich mit dem Buch. Science-Fiction ist wirklich eine Enttäuschung. Sie sollte eine neue Ära einleiten, aber dann ist nichts passiert. Die Spezialeffekte in ein paar Science-Fiction-Filmen sind großartig, zum Beispiel in *2001*. Aber das war es auch schon.

»Science-Fiction ist wirklich eine Enttäuschung. Sie sollte eine neue Ära einleiten, aber dann ist nichts passiert.«

Bowie: Geht mir genauso. Jetzt bringe ich Orwells *1984* ins Fernsehen. Da geht es um eine politische Aussage und den Blick auf ein anderes System. So etwas hat mehr Wirkung im Fernsehen. Ich glaube nicht ans Kino. Es hat nicht die Durchschlagskraft von Fernsehen. Dass man erst rausgehen muss, um einen Film zu sehen, das ist eine ziemlich altmodische Idee. Ich sitze lieber bei mir zu Hause.

Burroughs: Sie meinen, die Idee von Publikum überhaupt?

Bowie: Ja, das ist veraltet. Es fehlt die Unmittelbarkeit.

Burroughs: Völlig richtig. Es geht doch um Bilder, darum, wie sie eingesetzt werden.

Bowie: Genau. Ich hätte gern meinen eigenen Fernsehsender.

Burroughs: Es gibt praktisch keine Fernsehsendungen mehr, die was taugen. Das britische Fernsehen ist etwas besser als das amerikanische. Was die Briten am besten können, sind Naturfilme. Letzte Woche lief eine Sendung über Seelöwen, die Pinguine fressen. Unglaublich. Es gibt keinen Grund für dumme Fernsehsendungen. Die Leute sind ziemlich schnell gelangweilt von Wohnungsbauprojekten und Bergarbeiterstreiks.

Bowie: Die übliche Aufmerksamkeitsspanne beträgt drei Sekunden. Das reicht gerade für die nächste Ankündigung des Moderators. Und auf dieser Basis funktioniert das Ganze. Ich will einmal alle Bands zusammenstellen, die ich für wichtig halte für Amerika und England, und dann eine einstündige Sendung daraus machen. Die meisten Leute werden noch nie von diesen Bands gehört haben. Sie machen Sachen und sagen Dinge auf eine Weise, wie das sonst niemand tut. Zum Beispiel puerto-ricanische Musik aus dem Cheetah Club in New York. Die Leute sollen Musiker wie Joe Cuba hören. Der begeistert in Puerto Rico die Massen. Die Musik ist fantastisch und wichtig. Ich möchte auch, dass Andy-Warhol-Filme im Fernsehen gezeigt werden.

Burroughs: Haben Sie Andy Warhol mal getroffen?

Bowie: Ja, vor zwei Jahren war ich in die Factory eingeladen. Wir sind mit dem Lift hochgefahren, und als die Tür aufging, standen wir vor so einer Mauer. Wir haben geklopft, aber man hat uns nicht geglaubt, wer wir waren. Also sind wir rauf- und runtergefahren, bis schließlich jemand die Mauer geöffnet hat und man sich argwöhnisch gegenüberstand. Es war kurz nachdem Valerie Solanas auf Warhol geschossen hatte. Ich stand dann jemandem gegenüber, der wie ein lebender Toter aussah, gelb im Gesicht, die Perücke in der falschen Farbe, eine kleine Brille. Als ich ihm die Hand geben wollte, zuckte er zurück, und ich dachte mir: Der Mann mag kein Fleisch, offenbar ist er ein Reptiloid. Dann hat er eine Kamera hochgehalten und mich fotografiert.

»Meine gelben Schuhe haben das Eis zwischen Warhol und mir gebrochen.«

Ich wiederum habe ein bisschen Smalltalk versucht, bin aber nicht weit damit gekommen. Dann sieht er meine Schuhe – in Gelb und Gold – und sagt: »Was für wundervolle Schuhe, sagen Sie mir, woher Sie die haben.« Er hat mir einen Vortrag über Schuhdesign gehalten, und da war das Eis gebrochen. Meine gelben Schuhe haben das Eis zwischen Warhol und mir gebrochen. Ich bewundere ihn für das, was er getan hat. Sein Einfluss war enorm. Jetzt mögen ihn ja alle. Aber schließlich wollte Warhol Klischee sein, er wollte bei Woolworth hängen und Boulevardthema werden. Ich habe gehört, er will jetzt richtige Filme drehen, was ich ziemlich traurig finde. Für mich sind seine früheren Filme genau das, was wir heute brauchen. Von der Person wusste ich hinterher allerdings so wenig wie vorher.

Burroughs: Ich glaube nicht, dass es so etwas wie eine Person Warhol gibt. Er ist eine Art Außerirdischer, ganz und gar emotionslos. Wie eine Science-Fiction-Figur. Er hat auch diese seltsame grüne Farbe.

Bowie: Das ist mir auch aufgefallen. Er hat die falsche Farbe für einen Menschen. Vor allem im grellen Neonlicht der Factory. Es soll ein ziemliches Erlebnis sein, ihm bei Tageslicht zu begegnen.

Burroughs: Ich habe ihn bei Tageslicht gesehen und trotzdem keine Ahnung, was in ihm vorgeht, außer dass es sehr absichtsvoll geschieht. Es gibt da keinerlei Energie, wirkt aber alles recht durchtrieben und völlig asexuell. Seine Filme sind die Spätprogramme der Zukunft.

Bowie: Ganz genau. Erinnern Sie sich an *Pork*? Das möchte ich ins Fernsehen bringen. Das Fernsehen hat alles andere aufgesaugt, nur Warhols Filme noch nicht, und das ist großartig. *Pork* könnte das neue *I Love Lucy* werden, diese berühmte Sitcom aus Amerika. Es geht darum, wie das Leben der Menschen zu Hause wirklich ist, nicht wie bei Lucy, die nie mit Spülwasser in Berührung kommt. Es geht darum, wie die Menschen leben und kämpfen, um über die Runden zu kommen.

Darum geht es in *Pork*. Ein umwerfendes Spektakel. Obwohl ich auch gern eine neue Version von *Sindbad der Seefahrer* machen würde. Das ist wirklich ein zeitloser Klassiker. Aber es müsste sich auf einem ganz neuen Level bewegen. Alles wäre extrem üppig und kostspielig. Ich würde Laser einsetzen und alles, was sich an echter Fantastik nur denken lässt. Auch Hologramme. Hologramme sind wichtig. Videofilm kommt als Nächstes, danach werden es Hologramme sein. In sieben Jahren sind Hologramme allgemein im Gebrauch. Bis dahin sollte man Bibliotheken für Videofilme einrichten. Man muss vor allem die guten Fernsehfilme auf Video aufnehmen. Ich will mein eigenes Fernsehprogramm zusammenstellen. Dafür muss aber die nötige Software bereitgestellt werden.

Burroughs: Ich nehme alles Mögliche auf Tonband auf.

Bowie: Medien sind entweder unsere Rettung oder unser Tod. Ich persönlich glaube, sie sind unsere Rettung. Mich interessiert vor allem, was mit den Medien möglich ist und wie sie eingesetzt werden können. Man kann die Menschen nicht zu einer einzigen großen Familie vereinen, die Menschen wollen das nicht. Sie wollen die Isolation oder die kleine Gruppe. Eine Gruppe von achtzehn Kids hält zusammen, um gegen die Gruppe von Kids einen Block weiter loszuziehen. Man kann nicht zwei oder drei Blocks von Kids dazu bringen, sich zusammenzutun und sich lieb zu haben. Es gibt einfach zu viele Menschen.

Burroughs: Zu viele Menschen. Wir befinden uns im Zustand der Überbevölkerung. Aber auch mit weniger Menschen ändert sich nichts an der Tatsache, dass die Menschen heterogen sind. Sie sind einfach nicht gleich. Dieses ganze Gerede über die eine große Menschenfamilie ist großer Mist. Es hat in China funktioniert, weil die Chinesen sich sehr gleichen.

Bowie: Und jetzt hat jeder vierte Chinese sein eigenes Fahrrad, und das ist schon ein Riesenfortschritt. Das ist eigentlich das große Wunder, was die Chinesen betrifft. Das ist so, als hätte hier jeder sein eigenes Flugzeug.

Burroughs: Es liegt daran, dass sie alle einen einzigen Charakter verkörpern, nur so können sie ohne größere Reibung zusammenleben. Wir können das offensichtlich nicht.

Bowie: Deswegen brauchen sie auch keinen Rock 'n' Roll. Britische Rockstars sind in China aufgetreten, auf irgendeinem großen dreckigen Platz, und man hat sie nur für

Pausenfüller gehalten. Alte Frauen, Kinder, Teenager, alle möglichen Leute liefen an der Bühne vorbei und haben sie da oben kaum beachtet. Es bedeutet ihnen nichts. Es gibt Länder, die brauchen keine Rockmusik, weil die Leute da so eng miteinander verbunden sind, wie eine Familie. China hat seine Vater- oder Mutterfigur – ich bin nie daraus schlau geworden, das fluktuiert irgendwie. Für den Westen ist Mick Jagger einwandfrei eine Mutter-Figur, er ist eine Glucke, die über allem wacht. Er ist kein Hahn, mehr die Puffmutter, die Matrone.

»Für den Westen ist Mick Jagger eine Mutter-Figur, die Puffmutter.«

Burroughs: Oh, allerdings.

Bowie: Er ist unglaublich sexy und auch viril. Aber ich finde ihn gleichzeitig unglaublich mütterlich in seinem Pflichtgefuhl gegenüber dem authentischen, schwarzen Blues. Er ist ein weißer Junge aus Dagenham, der sich die größte Mühe gibt, authentisch zu sein. Ich denke, das Rockbusiness ein bisschen aufzustylen, bringt uns den Kids viel näher. Die Kids sind viel mehr auf Show aus als die Stars. Das Business ist nur ein schwacher Abklatsch von dem, was das Leben der Kids für gewöhnlich ausmacht. Das Bedürfnis nach Bewunderung kommt von der anderen Seite. Es hat eine komplette Umkehrung stattgefunden, vor allem in den letzten paar Jahren. Gehen Sie mal durch die Christopher Street, und Sie fragen sich unwillkürlich, was da schiefgelaufen ist. Die Menschen sind nicht wie James Taylor. Nach außen geben sie sich vielleicht so, aber in ihren Köpfen sieht es ganz anders aus.

Burroughs: Musik als Attitüde.

Bowie: Ja. Genau damit haben wir es heute zu tun. Es hat sich alles zu einer Art Attitüde entwickelt. Dass man heute Rockmusik in verschiedene Unterkategorien aufteilen kann, das wäre vor zehn Jahren noch nicht möglich gewesen. Aber jetzt fallen mir auf Anhieb zehn verschiedene Stilrichtungen ein, die eher einen Menschentyp charakterisieren als eine Musikrichtung. Kritiker gestehen sich das nicht gern ein, denn Kritiker möchten nun mal gern kritisch sein, und die meisten wären am liebsten selber Rockstars. Aber wenn sie über Musik schreiben, schreiben sie in der Regel über Leute, *nicht* über Musik. Es ist eben alles eine Frage der inneren Haltung.

Burroughs: Wie beim Infraschall – Klänge, die unter der Hörgrenze liegen, unter sechzehn Hertz. Voll aufgedreht kann man damit auf eine Distanz von dreißig Meilen Mauern zum Einsturz bringen. Man kann in Frankreich zum Patentamt gehen und für wenig Geld das Patent anmelden. Die Maschine selbst ist leicht zu bauen, mit Sachen, die man auf jeder Müllhalde findet.

Bowie: Wie beim schwarzen Rauschen. Ich frage mich, ob es einen Klang gibt, der Dinge zusammenfügen kann. Es gab mal eine Band, die mit so was experimentiert hat. Die wollten damit das Publikum komplett umhauen.

Burroughs: Es gibt jetzt Schalltechnologiewaffen für Straßenkrawalle. Aber man kann mit Infraschall auch Musik machen, man muss das Publikum nicht gleich umbringen.

Bowie: Nur leicht verletzen.

Burroughs: Die Waffe meiner Wild Boys ist ein Bowie-Messer, ein Achtzehn-Inch-Bowie-Messer, wussten Sie das?

Bowie: Ein Achtzehn-Inch-Bowie-Messer … Sie machen keine halben Sachen, was? Nein, das wusste ich nicht. Der Name »Bowie« hat mich einfach angesprochen. Als ich sechzehn war, hatte ich eine heftige philosophische Phase. Mit dem Messer wollte ich das ganze Lügengeflecht zerschneiden, etwas in der Art.

»Der Name ›Bowie‹ hat mich angesprochen. Mit dem Messer wollte ich das ganze Lügengeflecht zerschneiden.«

Burroughs: Na ja, also das Messer schneidet beidseitig, es ist zweischneidig.

Bowie: Zweischneidig – so habe ich das noch nie gesehen.

MUSIK FÜR DEN DSCHUNGEL

Im Gespräch mit David Thomas, 1983

Gehen wir zunächst ein paar Jahre zurück: Als Sie in mein Leben traten, war ich dreizehn Jahre alt – ich war genau dreizehn, als *Ziggy* rauskam ...

Autsch! (*Lacht.*)

... und ich erinnere mich, dass ich ›Starman‹ bei *Top of the Pops* sah und dachte: Das ist was völlig Neues. Waren Sie sich der Wirkung bewusst, die das haben würde?

Ich fand es damals unheimlich aufregend. Die Band ... na ja, die Band war eher verhalten, aber mir war vollkommen bewusst, wie außergewöhnlich die ganze Sache von außen ausgesehen haben muss. Ich war darüber glücklich, begeistert, weil ich dachte: Das ist jetzt wirklich absolut neu. Als ob »neu« das A und O wäre. Wenn man gerade mit Rock 'n' Roll anfing, war es aber das, worum es einem ging.

Aber warum passierte das alles genau zu diesem Zeitpunkt? Sie hatten ›Space Oddity‹ draußen, aber abgesehen davon hatten Sie vorher jahrelang als David Jones Musik gemacht, und dann auf einmal – *bum*!

Ich glaube, ich war dabei, den ganzen Kontext der englischen Rockmusik zu verändern. Es fühlte sich unglaublich radikal an – gegen alles gerichtet, was zu der Zeit los war, mit den Jeans und dieser entspannten Atmosphäre. Das Härteste, was es gab, war Heavy Metal.

Es gab T. Rex …

Ja, es gab immerhin Marc und mich, die … Wir waren ja eine ganze Truppe. Ich hatte einfach das Glück, vor den anderen diese große Wirkung zu haben. Natürlich gab es Roxy Music und andere, und wir sind alle hier und da aufgetreten, nahmen uns gegenseitig wahr und wussten, dass wir alle ungefähr die gleiche Vorstellung davon hatten, wie wir wirken wollten, und es war gegen den Kunsthochschul-Rock gerichtet, vermute ich. Wir wollten halt alles, was irgendwie alt war, wegfegen, gegen alles sein, was vorher war.

»Wir wollten halt alles, was irgendwie alt war, wegfegen, gegen alles sein, was vorher war.«

Ironischerweise sprechen ausgerechnet Sie jetzt davon, dem Inhalt wieder mehr Platz vor dem Stil einzuräumen.

Ja.

Während man eigentlich auch Sie und Bryan Ferry für diesen kunstsinnigen Ansatz verantwortlich machen könnte …

(*Lacht.*) Nicht zum ersten Mal, wahrscheinlich! Ja, irgendwie ist das schon ein bisschen demoralisierend, dass das Neue, was ich mache, als kunstsinnig empfunden wird.

Vielleicht geht es ja nur darum, dass diese Veränderungen in dem Moment, in dem sie nachgeahmt werden, schon zur Pose werden.

Bei mir ist es einfach so, wenn ich eine Sache beendet habe, dann ist die Luft raus, und es macht mir keinen Spaß mehr. Selbst als Maler springe ich zwischen den Stilen hin und her, wechsle von Öl- zu Acrylfarben oder will auf einmal lieber kleine Miniaturen mit Wasserfarben malen. Ich habe nie eine Sache so lang verfolgt, dass sie zu meinem Lebenswerk hätte werden können. So eine Art Künstler bin ich nicht. Und das Gleiche gilt für Musik und Rock, wo mir auch immer gefallen hat, dass man sich als Künstler in allem Möglichen ausprobieren kann, in jedem Stil. Wenn man über das nötige Werkzeug verfügt, sind alle Kunstgattungen am Ende eins.

Sie sprachen bei der Pressekonferenz [am 17. März 1983 im Claridge's Hotel in London anlässlich der Veröffentlichung von *Let's Dance*] über den Druck, den Sie zu dieser Zeit empfanden, und dass Sie ein geringes Selbstwertgefühl hatten. Was meinten Sie damit?

Wenn ich ehrlich bin, war mein Selbstwertgefühl damals überhaupt nicht gering. Ich glaube, es war viel zu groß. Ich musste feststellen, dass ich mich in eine Situation gebracht hatte, in der alles, was ich gemacht oder gesagt habe, in Bezug auf mein eigenes Leben völlig folgenlos oder zusammenhanglos war. Und ich hatte es selbst verschuldet, weil ich mich völlig zurückgezogen hatte und in dieser Szene in Los Angeles aufgegangen war. Heute wundere ich mich nur noch über mich selbst, dass ich das damals zugelassen habe.

Ich habe Interviews mit Ihnen gelesen, in denen man den Eindruck bekommt, dass zwischen Ihrem Innenleben und dem, was Sie jeweils sagen, keinerlei Verbindung besteht.

Ja. Als Künstler habe ich Sachen aufgegriffen, die gerade in der Luft lagen, und habe sie aufgeschrieben. Und die habe ich dann – ziemlich stoned – groß gedeutet, was ein absoluter Fehler war, ein Künstler sollte seine eigene Arbeit nicht deuten. Und ich hatte dazu auch gar nicht die Möglichkeiten … Mein Denken war völlig fragmentiert.

»Mein Denken war völlig fragmentiert.«

Es gibt diese Bemerkung von Charles Shaar Murray, dass er sich fragt, was passieren würde, wenn man alle Charaktere von David Bowie abschälen würde – ob dann der echte David Bowie übrig bliebe.

Stimmt, ja, und das hat mich auch beschäftigt. Darum bin ich zurück nach Europa gezogen.

Es gibt eine Sache, die ich schon immer wissen wollte. Wenn Sie alte Fotos anschauen oder Albumcover, was denken Sie da, wenn Sie sich selbst sehen, zum Beispiel auf *Pin Ups*? Was denken Sie über den Typen, der Sie da anguckt?

(*Lacht.*) Ich denke: Mein Gott, wie kann man mit so einem Aussehen überleben?! Die ganze Geschichte hat optisch wahnsinnig Spaß gemacht. Eigentlich war es fast dadaistisch. Es war alles so irreal. Ich bin darauf ziemlich stolz, aber es ist auch endgültig vorbei, ich habe keine Verbindung mehr dazu. Ich kann den Enthusiasmus nicht mehr heraufbeschwören, den ich die ganze Zeit gehabt haben muss. Ich verstehe nicht einmal mehr genau, wieso ich so begeistert davon war. Eigentlich ganz lustig. Ich glaube, ich habe aus reinem Selbsterhaltungstrieb ein relativ sachliches und distanziertes Verhältnis dazu entwickelt.

Bei der Pressekonferenz fiel mir auf, dass Sie auf eine Frage nicht geantwortet haben, und zwar die nach Ihrer Tour 1976 und Ihrer Bemerkung, dass Großbritannien reif für einen Bürgerkrieg sei. Dann gab es noch Ihren Gruß mit ausgestrecktem Arm aus dem Mercedes Cabrio und so weiter. Wie stehen Sie, wenn Sie darauf zurückblicken oder wenn Sie an das berühmte Interview mit Michael Watts im *Melody Maker* denken, zu der Person, die das alles gesagt hat? Stimmen Sie dem in Teilen noch zu? Entsprach irgendwas davon damals wirklich Ihrer Überzeugung?

Ich hatte wohl so etwas wie eine Antenne. Oder nein, ich hatte *auf jeden Fall* eine Antenne. Ich glaube, ich habe sie immer noch, für die Ängste der Gegenwart oder den Zeitgeist. *Zeitgeist* trifft es am besten. Ich nehme die Atmosphäre um mich herum sehr genau wahr, egal wo ich bin. Und ich hatte ein Gespür für Dinge, die in der Luft lagen. Die ganze Nazi-Sache war nur ein Vorbote für das Erstarken der National Front in England, und ich habe es halt gespürt. Ich hatte gar keine Ahnung, was in England gerade los war, ich war seit Jahren nicht mehr dort gewesen. Ich habe es aber gespürt, und es passte einfach, weil ich – wie gesagt – so fragmentiert und kaputt war, es passte zu meinen eigenen Vorstellungen vom Britannien der Artuslegende, die mich damals unheimlich interessiert hat – all das, was das Englische der Engländer ausmachte und so weiter. Und es schien alles Sinn zu ergeben, zu der Zeit. Es ging dabei aber vor allem um Mythen, weniger um eine Umsetzung oder gar die Gründung von so was Grauenhaftem wie einer Nazi-Partei. Andererseits denke ich, wenn ich jetzt darauf zurückblicke: Wie unglaublich verantwortungslos! Aber ich war damals gar nicht in der Lage, mich verantwortungsbewusst zu verhalten. Ich war der verantwortungsloseste Mensch, den man sich überhaupt vorstellen kann.

Haben Sie jemals eine Therapie gemacht oder sich in psychologische Behandlung begeben? Es scheint einen Punkt in Ihrem Leben gegeben zu haben, an dem Sie schließlich Verantwortung für sich übernommen haben. (***Beim letzten Satz nickt DB zustimmend.***)

Nein, ehrlich gesagt, habe ich Therapien immer unglaublich misstrauisch gegenübergestanden. Freunde haben mich zu der Entscheidung gedrängt, die USA zu verlassen. Die Tour 1976 habe ich im Grunde gar nicht mitbekommen. Ich erinnere mich an gar nichts.

Das waren sehr befremdliche Auftritte.

Ich habe einfach nichts gespürt. Ich war auf der Tour wie ein Zombie. Danach habe ich mich in Berlin versteckt, in der Wohnung, die ich da hatte.

Hatten Sie dort Freunde?

Ja, der wichtigste Mensch war meine persönliche Assistentin – Coco Schwab. Sie hat mich ein paar Mal richtig zusammengeschissen, also etwa so: »Mann! Komm mal zu dir!« (*Lacht.*) Es war wirklich so, und es hat funktioniert. Und ich bin auch zu mir gekommen, so gut ich konnte. Ich bin das sehr positiv angegangen, die Idee, mich zu erholen.

Hatten Sie nicht auf der Bühne einen Herzinfarkt?

Nein, nie. Eigentlich ein schönes Gerücht, aber es stimmt nicht. Irgendwie romantisch, aber ich habe ein sehr gesundes Herz!

»Die Tour 1976 habe ich im Grunde gar nicht mitbekommen. Ich erinnere mich an gar nichts.«

Zwischen *Low* und *Heroes* gab es dann eine Entwicklung – von der Negativität von *Low* zu dem Gefühl, dass es vielleicht doch so etwas wie Hoffnung, einen Sinn geben könnte.

Ja, und diese Entwicklung setzt sich fort in dem, was ich zurzeit mache.

Bei der Tour 1978 wurde das deutlich. Der Unterschied zu 1976 war enorm. Es waren freundliche Konzerte.

Ich fühlte mich mittlerweile richtig gut. Ich hatte das Gefühl, die Situation wirklich in den Griff bekommen zu haben. Und seitdem hatte ich noch mal ein paar Jahre der Erholung und Zeit zum Überlegen, ob ich weiterhin Musik machen will, und wenn, in welcher Form.

Empfinden Sie sich selbst als »Musiker«, als der Typ, der zur Gitarre greift und ein bisschen zu seinem Vergnügen spielt?

Beim letzten Album war das so. Ich bin zum ersten Mal seit sehr langer Zeit wieder in diese Rolle geschlüpft, in der ich mich ans Klavier setze und Lieder komponiere. Vielleicht bin ich eher ein Komponist als ein Musiker.

Sie haben bei der Pressekonferenz erwähnt, dass Sie zur »hilfreichen Musik« zurückkehren wollen. Was meinen Sie mit hilfreich? Ich meine, ich weiß, was mir Van Morrison gibt oder Otis Redding oder wer auch immer …

Genau das meine ich. Das ist das Gefühl. Es geht um emotional erhebende Erlebnisse, statt um verstörende Erlebnisse, für die ich auch ziemlich gut sorgen kann. Aber mir selbst verschafft das derzeit keine Befriedigung. Verstörung kann ich auch so erleben, die muss ich nicht noch mal in der Kunst erschaffen. Ich muss Musik schreiben, die die Dinge klar beim Namen nennt, ich möchte Probleme zur Sprache bringen, zu denen ich eine direkte Beziehung habe.

Letztlich geht es um Liebe, das Leben und den Tod.

Ja, so sehr das nach einem Klischee klingen mag. Es macht mich im Moment ziemlich glücklich, mich mit solchen Klischees auseinanderzusetzen. Sie bergen viel Wahres. Sie entspringen ewigen Wahrheiten.

Ruhen Sie stärker in sich selbst? Haben Sie sich mit den

grundlegenden Gegebenheiten des Lebens ausgesöhnt? Den früheren Alben ist diese Haltung fremd.

Ja, völlig richtig. Es war sehr wichtig, die Regeln zu brechen, um herauszufinden, was dann passiert. Dabei schafft man eine ausgesprochen chaotische Situation. Musikalisch kann das hochinteressant sein, wenn man Regeln bricht. Ich glaube, dass die Popmusik heute sich weit davon entfernt hat, einfach nur Musik zu sein.

»Klischees bergen viel Wahres.
Sie entspringen ewigen Wahrheiten.«

Sie scheint gerade eine manieristische Phase durchzumachen.

Ja.

Mich persönlich ärgert das, weil das Beste in der Popmusik immer aus dem Bauch kam (*starke Zustimmung von DB*), sei es bei Sam Cooke, Otis Redding oder Pete Townshend oder wem auch immer … Und jetzt geht es nur noch um Frisuren.

Auf jeden Fall ist das gerade eine ziemlich alberne Phase, aber ich glaube, das dauert nicht lange. Auch hier kann ich nur für mich selbst und mein Verhältnis zur Musik sprechen. Für mich ist es wichtig, dass ich eine gewisse Entschlossenheit in meinen Liedern spüre.

An wen richten Sie sich in ›Let's Dance‹?

Es ist eine imaginäre Figur. Ich wünschte, ich könnte es sagen … Ich glaube, dass die einzige große Zuneigung, die zurzeit in meinem Alltag eine Rolle spielt, die zu meinem Sohn ist, da es ansonsten keine feste Beziehung oder gar eine große Liebe gibt. Ich glaube, er war der Grund dafür, über so eine Art von wechselseitiger Beziehung zu schreiben.

Wie alt ist er?

Er ist zwölf, also in einem sehr interessanten Alter.

»Mein Sohn hat mir dazu verholfen, dass ich jetzt gern über die Zukunft nachdenke.«

Würden Sie ihm immer noch ›Kooks‹ vorsingen?

O ja, das hat er oft zu hören bekommen und immer gern gehört. Jetzt spielt er es *mir* vor, wenn ich ihm sage, dass er seine Hausaufgaben machen soll (*lacht laut*). Er sagt dann: »Warte mal kurz, Papa. Weißt du noch, dass du das geschrieben hast?« Ich glaube, er findet es ziemlich gut und lustig. Wir lieben uns sehr, das scheint mir das Wichtigste. Und er hat mir dazu verholfen, dass ich jetzt gern über die Zukunft nachdenke.

Sie nehmen ihn mit auf Reisen und scheinen gleichzeitig sehr darauf bedacht zu sein, ihn aus der Öffentlichkeit rauszuhalten.

Unbedingt.

Bekanntermaßen ist es extrem schwierig, als Kind berühmter Eltern aufzuwachsen.

Ist es, ja, ist es wirklich. Mit der Musiksache ist er bislang eigentlich kaum in Berührung gekommen. Er lebt die meiste Zeit in der Schweiz, und mein Leben sieht derzeit so aus, dass ich mit dem Ganzen eigentlich auch nicht mehr viel zu tun habe, und deshalb hat er in den letzten fünf oder sechs Jahren davon genauso wenig mitbekommen wie ich selbst. Und das ist gut. Wir reisen enorm viel, wovon er wirklich profitiert.

Und Sie selbst können Situationen entgehen, in denen Sie David Bowie, der berühmte Star, sind …

Ja, absolut. Das hat mit meinem Leben gar nichts mehr zu tun, schon seit Jahren nicht mehr. Konfrontiert werde ich mit all dem eigentlich nur, wenn ich mal wieder in der Öffentlichkeit auftrete, wie in *The Elephant Man*. Selbst meine Aufnahmen finden in einem völlig entspannten und »vernünftigen« Rahmen statt.

Erinnert Sie Ihr Sohn an Sie selbst als Kind?

Ja, sehr sogar. Nur dass er weniger schüchtern ist. Er ist viel geselliger, als ich es je war.

Hatten Sie als Kind eine Vorstellung davon, was vor Ihnen lag? Waren Sie ehrgeizig oder hatten Sie das Gefühl, anders zu sein als Ihre Freunde?

Ja, ich hatte eine klare Vorstellung. Ich wusste ungefähr in dem Alter, in dem mein Sohn jetzt ist, genau, was mit mir geschehen würde, dass ich etwas sehr Bedeutendes machen würde. Ich wusste nur nicht so genau, was. Damals dachte ich, ich würde ein großer Maler werden, das änderte sich dann in den Jahren darauf.

Was hielten Ihre Freunde davon?

Ich habe es nie jemandem erzählt. Ich habe niemandem erzählt, dass ich mal berühmt werden würde. Es gab einen anderen Jungen in meiner Klasse, von dem ich dachte, dass er später noch berühmter würde als ich (*lacht*). Er heißt George Underwood, und ich glaube wirklich, dass er der bedeutendere Künstler von uns beiden ist, auch wenn das noch keiner erkannt hat. Ich dachte damals, dass es meine Aufgabe wäre, etwas Bedeutendes zu machen, irgendeinen entscheidenden Beitrag zu leisten.

Haben Ihre Eltern diese Haltung verstanden?

Ja, ich habe ihnen das aber erst später erklärt, also nicht, als ich zwölf war. Es kam mir fast falsch vor, so zu denken. Ich war nicht besonders mitteilsam, niemandem gegenüber.

Sind Sie mitteilsamer geworden?

Viel.

Mit wem sprechen Sie jetzt? Haben Sie enge Freunde?

Ja, ich habe einen Kreis von Freunden, die mit meinem beruflichen Leben nur wenige Berührungspunkte haben, die meisten sind Schriftsteller und Maler.

Die Ausstellung von Holzschnitten in Deutschland, zu der Sie mit eigenen Arbeiten eingeladen wurden – ist die Ihnen womöglich wichtiger als die bevorstehende Tournee?

Nein, das ist eher ein Vergnügen zwischendurch. Ich habe meine Gemälde oder meine grafischen Arbeiten noch nie öffentlich gezeigt. Ich habe mich einfach gefreut, dass man mich gefragt hat. Es gibt ja viele tolle Künstler, allerdings gar nicht so viele, die mit Holzschnitt arbeiten.

Es wurden aber schon Bilder von Ihnen auf Tourneen eingesetzt, oder?

Ja, mein Porträt von Mishima. Oder war es das von Iggy Pop? Iggy hatte mich gefragt, ob er das Porträt, das ich von ihm gemacht habe, für sein Buch verwenden kann. Aber das sind auch schon die einzigen Beispiele, die mir einfallen.

Wenn Sie auf Reisen sind, haben Sie dann immer noch eine ganze Bibliothek dabei?

Woher wissen Sie das denn?

Als Jugendlicher habe ich vermutlich jeden einzelnen Artikel gelesen, der über David Bowie erschien.

O Gott. Wissen Sie, als ich mich mit dem Regisseur Nicolas Roeg in New Mexico treffen sollte, um über *Der Mann, der vom Himmel fiel* zu sprechen – das ist wirklich lustig –, da habe ich Hunderte von Büchern mitgenommen. Das war so eine der Sachen, die bei mir wirklich (*kichert*) … ziemlich schlimm waren. Ich habe für Nick nach einem Buch gesucht, über Alchemie oder so. Und ich hatte diese Schrankkoffer – Sie haben völlig recht, das war eine Reisebibliothek –, die so ähnlich aussahen wie die Transportkisten für Verstärker, und habe da also diese Massen an Büchern durchsucht, die den ganzen Boden bedeckten – haufenweise Bücher. Und Nick saß da, beobachtete mich und sagte dann bloß: »Weißt du, was dein großes Problem ist, David? Du liest zu wenig.« Und ich fand das überhaupt nicht komisch, erst Monate später musste ich darüber lachen. Ich war so verbohrt, dass ich wirklich dachte, er meint das ernst. Die Bemerkung hat mich regelrecht fertiggemacht, und ich habe krampfhaft überlegt, was ich noch alles lesen sollte. Es kam mir gar nicht in den Sinn, dass das ein Witz war. Mittlerweile reise ich ohne Bücher! Wegen dieser Phase habe ich allerdings eine außergewöhnlich gute Büchersammlung.

»Ich ziehe ein gutes Buch auf jeden Fall dem Fernseher vor.«

Haben Sie damit vielleicht auch kompensiert, dass Sie ziemlich jung die Schule beendet und nicht studiert haben?

Ja, ich habe bis heute nicht aufgehört, mich weiterzubilden und mir Wissen anzueignen, manchmal auch in den falschen Gebieten. Ich bin immer noch ein begeisterter Leser. Ich lese dauernd und habe immer ein Buch dabei. Ich ziehe ein gutes Buch auf jeden Fall dem Fernseher vor, es sei denn, es läuft eine richtig gute Sendung.

Haben Sie neulich die über Roeg gesehen?

Ich habe sie aufgenommen. Ist sie gut?

Ja. Ich war dafür eigentlich nicht in der richtigen Stimmung, nachdem ich in den letzten Monaten ziemlich stark mit der Tatsache unserer Sterblichkeit konfrontiert war. Dann eine Sendung über Nicolas Roeg zu sehen, das war ... Wir hatten vorhin über Klischees gesprochen. Er behandelt die auf eine unglaublich direkte Art. Es geht einem richtig unter die Haut. Man kann sich dem nicht entziehen.

Absolut. Seine Filme haben viel mit Alchemie zu tun. Sie sind magisch. Die Arbeit mit ihm lässt einen völlig erschöpft zurück. Er ist ein Hexenmeister. Aber ich glaube, ich würde wieder mit ihm arbeiten, jederzeit. Ich bin jetzt für ihn bereit. Das ... ähm ... (*lacht*) nein, ich bin wahrscheinlich nicht richtig bereit für ihn, aber mehr als ich es damals war.

Was lesen Sie zurzeit?

O je ... *Brüchiges Eis* von Angus Wilson. Was habe ich sonst noch gelesen? Dieses eine von Paul Theroux, *Moskito-Küste*, und noch was anderes ... *Die Rose von Tibet*, den Namen des Autors habe ich vergessen.

Lesen Sie immer zwei bis drei Bücher ...

Gleichzeitig? Ja. Sie liegen aufgeschlagen irgendwo rum.

Ihr Film *Merry Christmas, Mr. Lawrence* ... Ich persönlich freue mich auf den mehr als auf *Begierde*.

Ich mich auch, und ganz zu Recht, weil *Merry Christmas, Mr. Lawrence* der deutlich bessere Film ist.

Außerdem hat man Sie nicht als Freak, Elefantenmensch oder Raumfahrer besetzt – sondern einfach als Menschen. Wie schätzen Sie selbst Ihre Fähigkeit ein, eine Figur zu spielen, die in keinerlei Hinsicht …

Ich bin sehr zufrieden mit meiner Darstellung in dem Film. Eine sehr gute Rolle, die man mir da angeboten hat. Es war fantastisch. Mich hat auch gefreut zu sehen, welche Möglichkeiten ich als Schauspieler habe, für den Fall, dass ich das wirklich weiterverfolgen will. Ich habe mich bislang eher zur Regie hingezogen gefühlt. Die Schauspielerei finde ich, grundsätzlich, langweilig. Wahrscheinlich, weil ich nicht davon überzeugt bin, dass ich es wirklich gut kann. Als typischer Steinbock mache ich höchst ungern Sachen, die ich nicht gut kann. Man zieht sich dann eher zurück, übt, bis man es kann, und sagt dann: »Alles klar, jetzt kann ich es!«

»Als typischer Steinbock mache ich höchst ungern Sachen, die ich nicht gut kann.«

Ein anderer Charakterzug der Steinböcke ist bekanntlich ihr Durchhaltevermögen, ihre Disziplin – egal wie fertig man ist, die Arbeit wird trotzdem irgendwie erledigt.

Ja – sind Sie Steinbock?

Ja.

Aha ... Schüchternheit ist auch so eine Sache bei den Steinböcken, die ich kenne. Viele Steinböcke sind unglaublich schüchterne Menschen, habe ich das Gefühl. In Gesellschaft fühle ich mich verloren. Ich hasse Partys, weil ich mich jedes Mal verkrampfe. Ich weiß nie, was ich sagen soll, und drücke mich dann irgendwie am Rand herum. Früher habe ich mich deshalb vorher immer zugedröhnt.

Dumm ist nur, wenn die Leute dann Bilder von einem auf so einer Party sehen. Weil es den Eindruck erweckt ...

... dass man die ganze Zeit so drauf ist. Richtig.

Wie sieht Ihr Leben in der Schweiz aus? Was machen Sie morgens?

Es war ein komisches Gefühl, als ich das neulich erzählt habe, aber man hatte mich eben danach gefragt. Ich stehe tatsächlich morgens um halb sieben auf.

Bei den Journalisten hat das vor allem Ungläubigkeit ausgelöst.

Ich weiß, ich weiß, aber ich stehe nun mal um halb sieben auf. Komischerweise stehe ich auf dieser Reise sogar schon gegen drei Uhr auf. Mein Schlafrhythmus ist völlig durcheinander geraten. Nachmittags um fünf bin ich erledigt. Mit einer Ausnahme habe ich es bislang nicht hinbekommen, länger als bis neun wach zu bleiben ... Normalerweise stehe ich also um halb sieben auf und gehe spazieren. Ich wohne in einem Waldgebiet. Den Vormittag verbringe ich mit Schreiben. Ich mache entweder Notizen, oder … Na ja, ich spiele gerade mit der Idee, eine Musikshow auf die Bühne zu bringen, eine Show, die anders ist als ein Rockkonzert.

Was Sie ja schon lange umtreibt. Es gab die Idee mit *1984*.

Ja, ich weiß, ich arbeite jetzt wirklich an was, und es sieht ziemlich gut aus. Ich schreibe dafür viele Briefe an Freunde in verschiedenen Teilen der Welt und erledige solche Sachen. Und häufig ist Skisaison, wenn ich zu Hause bin, dann verbringe ich die meisten Nachmittage mit Skifahren. Wenn ich gerade keine Filme oder Aufnahmen mache oder so. Im Grunde gleicht aber kein Tag dem anderen.

»Normalerweise stehe ich um halb sieben auf und gehe spazieren. Den Vormittag verbringe ich mit Schreiben.«

Besitzen Sie Dinge, an denen Sie sehr hängen? Welche Platten würden Sie auf die berühmte einsame Insel mitnehmen?

Meine Bibliothek! (*Lacht.*) Ich glaube, das ist das Einzige. Was meine Büchersammlung angeht, bin ich sehr eigen. Bücher sind mir das Wichtigste. Wenn ich entspannt bin, lese ich.

Eine andere Veränderung bei Ihnen in den letzten Jahren war die Entscheidung, sich selbst um das Finanzielle zu kümmern. War es ein großer Schock, als Sie am Ende

Ihrer Zeit mit MainMan merkten, dass die Konten leer waren?

Schon, ja, das war niederschmetternd. Aber ich habe das Geschäftliche jetzt in Ordnung gebracht, und finanziell geht es mir bestens.

Ihre Situation mit *Let's Dance* ähnelt ein wenig der der Stones mit *Some Girls*. EMI hofft vermutlich, dass Sie damit den amerikanischen Markt erobern, so wie die Stones mit *Some Girls*.

Unbedingt. Die Begeisterung, die man mir dort entgegengebracht hat, ist schon etwas seltsam für mich. Ich meine, so was habe ich seit Jahren nicht erlebt.

Hat das irgendwas mit den enormen Summen zu tun, von denen man gerüchteweise …

Und Gerüchte werden es bleiben!

Sie werden mir die Summe vermutlich nicht verraten …

Gott, nein!

Verkaufen sich die Platten aus dem Back-Katalog noch? Wenden sich Leute Ihren älteren Sachen zu, für die sie damals vielleicht noch nicht bereit waren?

Das kommt nicht oft vor. Neulich habe ich ein paar Fans getroffen, als ich bei EMI war, und die hatten *Diamond Dogs* dabei, hatten sie gerade erst entdeckt. Die waren fünfzehn oder sechzehn. Und das hat mich wirklich sehr gefreut. Ich frage mich nur, ob sie die Musik womöglich als heutig wahrnehmen. Vermutlich. Aber ich habe keine Ahnung, wie die Musik auf sie wirkt. Klingt sie für junge Leute irgendwie neu?

Na ja, diese Alben waren schon sehr ein Produkt ihrer Zeit.

Unbedingt, sie haben nicht diese Langlebigkeit. Sie sind keine Klassiker, die die Jahre unbeschadet überstehen, eher wie Polaroids. Meine letzten zehn Jahre kann man in Polaroid-Alben aufteilen.

Ja, ich erinnere mich, dass wir alle immer gleich am ersten Tag in die Läden stürmten, wenn ein Album erschien, und die Platte dann ein halbes Jahr rauf und runter gespielt haben und dann ...

So war's. Genau. So haben die funktioniert. Sie haben unmittelbar gewirkt.

Let's Dance **fand ich viel weniger unmittelbar. Aber je häufiger ich das Album höre, desto besser finde ich es.**

Das ist genau die Qualität, die ich meiner Musik hinzufügen wollte, in dieser Phase meines Lebens. Ich will eine künstlerische Aussage machen, die universeller, internationaler daherkommt.

Das gilt auch für die Neuaufnahme von ›Cat People‹. Die Originalversion hat diesen typischen Moroder-Sound und packt einen mit dem ersten Ton. Als ich die neue Version hörte, dachte ich zuerst: Er hat einen guten Song zerstört. Aber dann habe ich ihn drei- oder viermal gehört, und es ergab Sinn.

Ja, ich habe die Instrumente rausgenommen. Sie sind für die Musik auf diesem Album nicht ganz so wesentlich. Es gibt stattdessen einen einfachen Bass, über den die Melodie und der Text gelegt werden. Die Lyrics haben dann nicht diese magische Aura, nicht dieses ganze Ambiente. Die Harmonien sind da, und mehr wollte ich gar nicht.

Was ist das für eine Band, mit der Sie jetzt arbeiten?

Stevie Ray Vaughan ist dabei, an der Gitarre. Und ich habe Carlos Alomar dazu geholt, den ich von früher kenne. Ich arbeite gern mit Carlos. Ganz einfach, weil er alle meine Songs kennt, und es ist sehr viel leichter, wenn einer in der Band ist, der sich wirklich auskennt. Er kennt jedes Arrangement.

Ich fand es schade, dass die alte Rhythmusgruppe nicht mehr dabei ist.

Sie meinen George Murray und Dennis Davis? Na ja, George lebt jetzt in Los Angeles und will offenbar mit Musik nichts mehr zu tun haben. Und Dennis: Wenn ich keine Arbeit für ihn habe, kann ich nicht von ihm verlangen, dass er hier fünf Jahre oder so rumhängt und wartet. Er spielt jetzt für Stevie Wonder. Er hat sicher die Hälfte der Stücke auf den letzten zwei oder drei Alben von Wonder gespielt und spielt auf allen Tourneen.

Stimmt es, dass Sie stapelweise alte Stax-Soul-Singles ins Studio mitgenommen haben, um sie vor den Aufnahmen von ›Let's Dance‹ anzuhören?

Nein, das Zeug, das ich vor ›Let's Dance‹ gehört habe, war viel älter. Ich habe aber nichts ins Studio mitgenommen. Ich bin nur dann ein guter Musikhörer, wenn ich gerade mit etwas ganz anderem beschäftigt bin. Wenn ich an einem Film arbeite zum Beispiel, höre ich Musik wirklich gern. Während ich selbst Musik schreibe, passiert etwas Schreckliches. Ich fange an, alles zu analysieren, was ich höre. Ich kann kein Radio hören. Was immer gerade im Radio kommt, ich muss es sofort auseinandernehmen. Ich mache mir Gedanken über die verschiedenen Einflüsse, wo sie herkommen, wie alles im Studio zusammengesetzt wurde, welche Equalizer-Einstellungen für das Schlagzeug verwendet wurden. Es ist furchtbar. Wissen Sie, was ich meine?

»Während ich selbst Musik schreibe,
passiert etwas Schreckliches.
Ich fange an, alles zu analysieren, was ich höre.«

Der Fluch der Professionalität.

Absolut. Das nervt.

Leute im Musikgeschäft hören zuerst den Sound und erst dann die Musik.

Ich hasse es, und ich finde es schwer, wirklich zuzuhören. Wenn man aber für eine Weile in den Südpazifik geht oder sonst wohin, dann überlegt man: Okay, welche Kassetten nehme ich mit? Ich habe festgestellt, dass die einzige Musik, die ich wirklich mitnehmen kann, ohne sie zu zerpflücken, Sachen sind wie das Alan Freed Rock 'n' Roll Orchestra oder Buddy Guy oder Elmore James ... Ich muss kurz überlegen, was ich alles mitgenommen habe … Albert King, Stan Kenton – viel von Ken Stanton. Ich habe die mitgenommen, weil ich etwas brauchte, das ich hören kann, ohne mich zu langweilen. Etwas, das ich immer und immer wieder anhören kann. Wenn man im Dschungel ist und noch eine halbe Stunde hat, bis das Licht für Filmaufnahmen gesetzt ist, und man in der Zeit nicht schreiben oder lesen kann. Und das waren die einzigen Sachen, die ich wirklich mehr als vier- bis fünfmal hören konnte. Und da auf der Insel habe ich mich gefragt: Warum ist das so gut? Warum kann man das immer wieder hören? Kann ich das nicht auch hinbekommen? Ich behaupte nicht, dass es mir gelungen ist, aber ich glaube, dass ich auf dem richtigen Weg bin.

Wird die Bühnenshow das widerspiegeln? Wird die Musik mehr als vorher im Vordergrund stehen, oder gibt es immer noch starke Performance-Elemente?

Die Performance ist immer noch ein wichtiger Teil. Konzerte sind mal als eine Art Rendezvous bezeichnet worden, ein Rendezvous zwischen dem Publikum und dem Künstler. »Zwischen« ist das entscheidende Wort. Ich möchte, dass es viel stärker zu einer wechselseitigen Beziehung wird, in der es hin und her geht.

Aber das war immer Ihre größte Gabe – auf der Bühne zu stehen, nicht viel zu machen und dabei alle in den Bann zu ziehen. Waren Sie sich dieser kommunikativen Fähigkeit eigentlich immer bewusst?

Ja, es gibt ein körperliches Vokabular, das man auf der Bühne verwendet. Ich schulde hier Lindsay Kemp großen Dank. Er hat mir enorm viel darüber beigebracht, wie man die Bewegungen auf ein Minimum beschränkt, aber jede einzelne mit Bedeutung auflädt.

Ist es seltsam, von der Bühne ins Publikum zu blicken und dort die eigene Vergangenheit zu sehen – Leute, die sich als Ziggy verkleiden oder als Thin White Duke?

Ja. Ich suche gerade Kleidungsstücke für die nächste Tour zusammen, und ich bin dabei auf was gestoßen, das ich früher getragen habe und das jetzt wieder genau richtig ist! Ich verrate nicht, was es ist, aber ich glaube, dass die Fans, wenn sie vor dem Konzert ihren Kleiderschrank durchgehen, genau zum richtigen Teil greifen könnten (*lacht*).

»Ich hatte eine starke Rivalität mit Mick, wir waren fast wie Sparringspartner.«

Empfinden Sie Rivalität gegenüber anderen Künstlern oder anderen Menschen?

Ich hatte eine starke Rivalität mit Mick, wir waren fast wie Sparringspartner. Aber das hat sich in den letzten Jahren gelegt, als uns klar wurde, dass wir alles, was uns mal vorschwebte, erreicht haben.

Wann waren Sie das letzte Mal richtig wütend?

(*Lange Pause.*) Interessante Frage. Lassen wir RCA mal beiseite, ich glaube, das war meine größte Wut der letzten Jahre. Ich kann mich gar nicht genau erinnern, wann ich sonst zuletzt wütend war. Das scheint ein weiteres Gefühl zu sein, das ich immer im Griff hatte. Vielleicht sollte ich es mehr zulassen, aber ich tu's nicht. Ich kann ziemlich gut … Mir scheint alles so flüchtig, dass mich nichts richtig aufregt. Aber das eine Mal, an das ich mich erinnere, als ich doch regelrecht Wut empfand, war die Reaktion von RCA auf *Low*. Erst war es eine unglaubliche Wut, dann eine monatelange Depression. Der Umgang von RCA mit dem Album war aber auch wirklich schrecklich. Sie hatten ganz offensichtlich jede Vorstellung davon verloren, was moderne Musik ausmacht, denn es war … In jedem anderen Kontext war es super Musik. Es war großartig.

Haben Sie immer noch Flugangst?

Nein, seit fünf Jahren fliege ich ständig.

Wie haben Sie Ihre Flugangst überwunden?

Es kam mir auf einmal vor wie eine dumme Marotte. Es ist viel sicherer zu fliegen, als mit dem Auto zu fahren, und ich fahre viel Auto. Das erste Mal wieder in ein Flugzeug gestiegen bin ich für Iggy Pop. Ich hätte sonst nicht bei seiner Tour mitspielen können. Es fuhren keine Schiffe, und ich wollte ihn nicht enttäuschen. Das war nach sehr langer Zeit mein erster Flug – um Klavier zu spielen.

Eine letzte, etwas eigentümliche Frage: Was ist Ihrer Meinung nach das schlimmste vorstellbare Verbrechen? Welches Verbrechen stößt Sie am meisten ab?

(*Eine weitere lange Pause.*) Zu sehen, wie sich ein Mensch in seiner Eigenschaft als Arbeitender vor jemand anderem erniedrigt, und es einfach als gegeben hinzunehmen.

DIE AUFREGENDSTE KUNSTFORM

Im Gespräch mit Kurt Loder, 1987

Hatten Sie als Kind ein ausgeprägtes Stilempfinden?

Ja, ich mochte es, wie Sachen zusammenpassten, und ich wollte verstehen, wie das Ganze funktioniert. Aber ich glaube, dass ich mich immer schon zum Unfeinen hingezogen fühlte (*kichert*), und das hat mir letztlich den Arsch gerettet: Verfeinerter Geschmack interessierte mich nicht mehr, wenn er zu fein wurde. Ich hatte nichts gegen Eleganz und Stil, aber ich mochte es, wenn Sachen ein bisschen daneben waren – ein bisschen so wie ein Fish-and-Chips-Laden.

Haben Sie damals die Teds wahrgenommen?

Ja. Bei uns in der Straße lebte ein Ted ... Eric hieß der, glaube ich. Er hatte glänzende rote Locken und Rasierklingen im Kragen – für den Fall, dass er Ärger mit anderen Teds bekam, wahrscheinlich. Das hat mich extrem beeindruckt. Ich glaube aber, er war ein bisschen irre ... Er stand oft stundenlang an der Straßenecke und schwenkte manisch eine Kette.

Hat es Sie je gereizt, selbst ein Ted zu werden?

Ja, viele Jugendliche in meinem Alter haben damals damit

angefangen. Mir hat die Kleidung der Teds aber nicht so gefallen. Ich mochte italienische Sachen, damit war ich wirklich früh dran. Aber ihre Jacketts und die Mohairstoffe fand ich gut. Manches davon bekam man in Bromley, aber in schlechter Qualität. Man musste schon ganz nach Shepherd's Bush oder ins East End. Als ich mit der Schule fertig war, habe ich ein bisschen Geld zusammengespart und bin zu einem Schneider, der die Sachen maßgenau nachschneiderte. Es gab hervorragende Schneider. Meiner war auch der von Marc Bolan und ziemlich bekannt in Shepherd's Bush. Ich erinnere mich, dass ich mir von einem Teil des Ersparten einen Anzug bei ihm machen ließ, das war's aber auch schon. Den Rest habe ich in Equipment, Saxophone und Ähnliches gesteckt.

»Ich glaube, dass ich mich immer schon zum Unfeinen hingezogen fühlte, und das hat mir letztlich den Arsch gerettet.«

Es gibt ein Bild von Ihnen mit den Konrads, auf dem Sie eine Art hochgekämmte Tolle haben.

Oh, ja, ja. Die Frisuren waren wirklich toll.

Und die Band trägt bonbonfarben gestreifte Krawatten …

Wir trugen goldene Cordsakkos, braune Hosen aus Mohair und grüne, braune und weiße Krawatten, glaube ich, mit weißen Hemden. Sehr seltsames Farbkonzept.

Gab es einen Rock 'n' Roll-Musiker, auf den Sie als Kind richtig abfuhren? Einer, bei dem Sie dachten, genau das will ich auch machen?

Little Richard. Ich habe ihn im Brixton Odeon gesehen. Das muss so 1963 gewesen sein, weil die Stones als Vorband auftraten. Ich erzähle Ihnen mal, wer da noch auftrat an dem Abend. Es war fantastisch, hören Sie sich das an: Als Erstes spielten die Stones, dann kam Bo Diddley, und dann, wenn ich mich richtig erinnere, Duane Eddy, den Abschluss machte Sam Cooke. Das war die erste Hälfte. In der zweiten ... Wer spielte da noch mal? Es kam erst noch jemand anderes unglaublich Gutes, und dann ... Little Richard. Und Little Richard war einfach nur unfassbar. Unfassbar. So was hatten wir noch nie gesehen. Dieser Anzug ... Man trug immer noch Mohairanzüge damals – also einfach tolle Anzüge – mit weiten Hosen und allem. Und er spielte mit einer britischen Band, Sounds Incorporated – unsere einzige Horn-Rock-Band, die einzige Band, die etwas von Saxophonen verstand. Eine andere gab es noch, Peter Jay and the Jaywalkers, die waren aber nicht ganz so gut. Sounds Incorporated waren *die* Band. Ich glaube, mit Red Price am Tenorsaxophon, ein Typ mit dunkler Brille. Ich fand die ganzen Saxophonspieler toll, das wollte ich ja auch machen. Er spielte außerdem bei den Lord Rockingham's XI (*lacht*). Kennen Sie die noch? »Hoots, mon, there's a moose loose aboot this hoose!« Das kennen Sie nicht?

Egal, der Auftritt war unfassbar. Und die Stones waren so lustig. Sie hatten damals zirka vier Fans, die dann nach vorne stürmten. Diese vier Mädchen da vorne – das war schon *sehr* lustig. Keith war Dynamit, weil er damals noch dieses Flugzeugding machte, immer im Kreis rumsausen – was für ein Auftritt! Brian war noch ziemlich dominant, war er tatsächlich damals. Im Rückblick ist es erstaunlich, wie Mick sich weiterentwickelt hat, weil, am Anfang waren sich Mick und Brian eigentlich noch recht ähnlich, was die Bühnenpräsenz betrifft. Und ein Typ – das werde ich nie vergessen – ein Typ im Publikum rief Jagger zu: »Schneid dir mal die Haare!« Und Mick: »Was, um auszusehen wie du?« Wir fanden das wahnsinnig lustig! Ich war mit den Konrads da, wir versanken in unseren Sesseln vor Lachen.

»Little Richard war einfach nur unfassbar. Unfassbar. So was hatten wir noch nie gesehen.«

Was haben die Konrads für Sachen gespielt?

Viele Cover. Und dann zerbrach die Band, meinetwegen. Ja, Leute, ich bin schuld daran, dass die Konrads sich trennten – jetzt kann ich es endlich sagen!

Was haben Sie gemacht?

Ich wollte Rhythm & Blues machen, das interessierte die anderen aber nicht. Ich erinnere mich noch an den ersten Song, von dem ich sie überzeugen wollte – ich wünschte, wir hätten den gespielt, wäre garantiert ein Erfolg geworden –, das war ›House Of The Rising Sun‹ von einem alten Blues-Album, das in England veröffentlicht wurde.

1963? Da waren Sie Ihrer Zeit aber weit voraus.

Ja! Es war großartig, ich wollte es neu arrangieren. Aber ich konnte mich einfach nicht durchsetzen.

Und was hatte es mit den Mannish Boys auf sich, dieser siebenköpfigen Band, mit der Sie bis Anfang 1965 spielten?

Da ging es nur ums Überleben. Deren Sachen mochte ich im Grunde überhaupt nicht. Rhythm & Blues, aber kein guter. Und niemand verdiente damit Geld. Die Band war zu groß, es war entsetzlich. Außerdem musste ich in Maidstone wohnen. Da kamen die Mannish Boys her, und da probten und arbeiteten sie auch. Das Gefängnis in Maidstone ist eines der größten in England. In Maidstone gibt es nur Kriminelle – ein Gefängnis und ein paar Vorstadthäuser. Da wurde ich auch das einzige Mal in meinem Leben zusammengeschlagen.

Von wem?

Ich glaube, das war ein Ex-Häftling. Keine Ahnung. Da ging dieser große Trottel die Straße entlang und schlug mich einfach so zu Boden, und dann trat er immer weiter auf mich ein. Ich weiß bis heute nicht, warum. Ich habe nicht viele gute Erinnerungen an Maidstone.

Die Mannish Boys gab es als Band auch nicht lange. Ich glaube, das war die Zeit, als ich mir eine Keith-Relf-Frisur zulegte. Keith bewunderte ich, ich fand ihn ziemlich cool – mein Lieblings-R&B-Musiker. Ich wollte den Sound von The Who und das Aussehen von Keith Relf. Ich dachte: Wenn ich das hinbekomme, wow – dann zieht euch warm an (*lacht*).

Lief es mit Lower Third, Ihrer nächsten Band, besser?

The Lower Third waren sehr von The Who beeinflusst.

Haben Sie The Who gecovert?

Nein, wir haben unsere Sachen selbst geschrieben. Ich war mittlerweile richtig drin im Schreiben. Ich war absolut überzeugt davon, dass ich so gute Sachen schreiben konnte wie jeder andere und es versuchen musste.

Womit Sie schließlich recht behalten sollten.

So sieht es mal aus – hörst du, Pete? (*Lacht.*) Ich ging mit meiner ersten Single zu Pete Townshend. Ich war 1969, so um den Dreh, auf einem Konzert von The Who und schaffte es in den Backstage-Bereich und gab sie ihm. Ich sagte: »Hör sie dir an und sag mir irgendwann, was du davon hältst.« Und viele Jahre später sagte er mal zu mir: »Ach, übrigens, Junge, du hast mir doch mal diese Single gegeben. Was ich dir immer sagen wollte: Hat mir gefallen.« So ein Lügner! (*Lacht.*)

Waren Sie ein richtiger Mod?

Ja, absolut.

Ich meine, waren Sie richtig dabei?

Beim Lebensstil nicht so. Nur oberflächlich. Ich fuhr nicht gern Motorroller. Und ich ging nicht gern in Clubs – ich bin nicht viel ausgegangen.

Wirklich?

Ja. Vielleicht einmal die Woche oder so. Was in der Zeit wirklich nicht viel war. Die anderen zogen jeden Abend los und blieben bis morgens um sieben weg. Ich ging gern ins

Museum, manchmal ins Theater, solche Sachen. Clubs interessierten mich eigentlich nicht.

Aber Sie übernahmen den Kleidungsstil der Mods?

Ja.

Wo haben Sie die Sachen gekauft?

Muss ich kurz nachdenken. Wahrscheinlich in Sportgeschäften. So wie jetzt wieder. Sehen Sie, da schließt sich der Kreis. Viele Mods trugen Sportkleidung – Fred-Perry-Polohemden und solche Sachen. Hm ... Carnaby Street war kurz mal beliebt, so für rund drei Monate, aber die wurde sehr schnell ...

»Ich ging gern ins Museum,
manchmal ins Theater, solche Sachen.
Clubs interessierten mich eigentlich nicht.«

... zu dem, was sie heute ist – einer Art Touristen-Slum?

Ja, genau. Und natürlich hatte auch die King's Road ihre Zeit, aber so was ging immer nur kurz. Ich hatte keinen besonderen Laden, wo ich meine Kleidung gekauft habe. Ein Fred-Perry-Polohemd und ein Paar Hosen. Das reichte. Nichts Buntes.

Kann man sagen, dass Flower Power alles andere auslöschte in der Mode?

Ich denke schon, zumindest wurden alle psychedelisch. Allerdings konnten meine Bekannten mit der Love-and-Peace-Seite des Ganzen nicht viel anfangen. Womit sie aber ganz sicher etwas anfangen konnten, waren die Pilze, die Farben und alles – die Kleidung und die psychedelische Musik. Aber Love and Peace schien mir vor allem etwas Amerikanisches. Und das zeigte sich auch in den Hitparaden, mit sehr kommerziellen Sachen, ›If You're Going To San Francisco‹, so was. Auch bei uns gab es Bands wie Flower Pot Men, und zwar einige. Aber das Schönste, was dabei rauskam, waren die frühen Sachen von Jeff Beck. Das war wirklich gute Musik.

»Ein Fred-Perry-Polohemd und ein Paar Hosen. Das reichte. Nichts Buntes.«

***Ziggy Stardust* bedeutete einen echten Aufbruch in der Rockmusik. Wie sahen die ersten Auftritte aus?**

Wirklich schwierig war vor allem, den Rest der Band davon zu überzeugen.

Das waren eher Rock 'n' Roll- und Kneipentypen?

Ja, das war ein Dauerproblem, dass wir völlig unterschiedlich dachten. »Meine Güte, Leute, warum sollen wir einfach nur irgendeine weitere Rockband sein, verdammt?« (*Lacht.*) Aber es war eine großartige kleine Rockband. Und als sie merkten, dass sie mehr Mädchen damit bekamen, waren sie dann doch an Bord. Da hieß es auf einmal: »Ach so, die *mögen* diese Stiefel.« Und ich dachte: »Na, geht doch.« Das brauchte es also. Lieber Gott, sorg für ein bisschen Sex, und schon sind sie dabei. Ihre Haare wurden plötzlich … ach, alle Farben unter der Sonne. Und das bei Jungs, die sich bis gerade noch geweigert hatten, jemals ihre Jeans abzulegen (*lacht*).

Woher kam die Kleidung für die Ziggy-Phase? Haben Sie die selbst entworfen?

Nein, die hat ein Designer entworfen, dessen Kleider ich mal gesehen hatte, ein Mann namens Kansai Yamamoto. Mittlerweile ist er natürlich ein weltberühmter Designer, damals war er noch sehr experimentell – seine Sachen waren unheimlich abgedreht. Die allerersten Teile waren von ihm beeinflusst, dann habe ich ihn kennengelernt, und ab da entwarf er die Sachen, die wirklich bekannten – die Ganzkörperanzüge, die Stücke mit abnehmbaren Teilen, das alles. Er meinte: »Oh, komische Band – hi, hi, hi –, die tragen meine Kleidung.«

Wie hat das Publikum bei den ersten Ziggy-Auftritten reagiert, bevor das *Ziggy-Stardust*-Album draußen war?

Da gab es durchaus Feindseligkeit. Nicht vergleichbar mit dem, was zum Beispiel den Sex Pistols am Anfang entgegenschlug, aber die ersten Monate waren nicht einfach. Die Leute fanden es wirklich schwierig. Unser Aussehen und das Drumherum, da dachten schon viele: »O je, ein Tuntenverein.« Was auch ein bisschen Spaß gemacht hat. Wir haben's dann auf die Spitze getrieben – also, ich zumindest. Was Rebellischeres konnte man damals nicht machen.

Nach dem Auftritt von Ziggy and the Spiders in Santa

Monica, auf der ersten Tour, ging die Band angeblich zu einem Scientology-Treffen und schloss sich der Sekte an. Stimmt das?

Na ja, zwei aus der Band sind jetzt Scientologen. Mike Garson war schon immer Scientologe. Mike war eine wirklich harte Nuss im Umgang, ein seltsamer Typ. Er hat pausenlos versucht, die Leute zu bekehren – war nicht einfach, mit ihm zu arbeiten. Und Woody Woodmansey, den Schlagzeuger, hat er auch bekehrt. Mike hat ihn bekommen. Bei mir hat er es eine Weile versucht, bis wir uns in die Haare bekamen deswegen. Er sagte: »Na ja, du wirst das nie verstehen, du bist halt ein Junkie.« Und ich: »Ja, so sieht's aus – wegen der Drogen lehne ich Scientology ab.« Er war so grimmig. Ein sehr ernster Typ.

»Sie recyceln uns bis heute alle –
Roxy, mich, Gary Glitter, Marc Bolan.
Ich finde das fabelhaft.«

Sie haben Ziggy als den Plastik-Rockstar schlechthin entworfen. Paradoxerweise war die Musik, die »er« machte, aber wirklich großartig.

Ich weiß, ich weiß. Die klingt ganz gut. Ich finde es ironisch, wenn ich eine Band wie Sigue Sigue Sputnik sehe, die so exaltiert ist, so komplett aus der Ziggy-Welt. Nach all den Jahren hebt er noch immer sein vielfarbiges Haupt.

Wie Psychedelia: Es verschwindet nie.

Ja. Und das gilt wohl für die ganze Zeit. Sie recyceln uns bis heute alle – Roxy Music, mich, Gary Glitter, Marc Bolan. Wir vier waren wohl die Größten aus England, die Vorkämpfer der frühen siebziger Jahre und so weiter. Aber es scheint wirklich alle Bereiche des Rock durchdrungen zu haben – irgendwas von einem von uns findet man überall in der aktuellen Musik. Was toll ist. Ich finde das fabelhaft.

Zum Beispiel Prince?

Prince, ja, sicher. Er ist wahrscheinlich der chamäleonartigste Künstler seit mir (*lacht*). Ich finde es großartig, wie er klaut.

War Aladdin Sane als Weiterentwicklung der Ziggy-Figur gedacht oder als etwas völlig Neues?

Das war eine Art Übergang: Ich habe die Ziggy-Figur zurückgelassen, ohne genau zu wissen, was ich dann machen würde. Aladdin Sane war ein bisschen vager, in der Schwebe.

War das Make-up von Aladdin Sane von Ihnen?

Die Idee mit dem Blitz-Ding war von mir.

Was sollte das darstellen?

Einen Blitzschlag. Irgendwas Elektrisches. Statt einer, sagen wir mal, Flamme oder Lampe, dachte ich, müsste er von einem Blitz durchzuckt werden. Ein bisschen offensichtlich natürlich, weil er ja insgesamt ein elektrischer Typ ist. Die Träne kam von Brian Duffy, einem englischen Fotografen. Die hat er ganz am Ende hinzugefügt, einfach noch schnell eine Träne ins Bild getupft. Ich fand das super.

Und wie kam es dann zur *Diamond-Dogs*-Phase?

Weiß der Himmel! Der Impuls zu *Diamond Dogs* ging sowohl von *Metropolis* als auch von *1984* aus – das sind die zwei großen Einflüsse. Eigentlich sollte *Diamond Dogs* eine Neufassung von *1984* werden – ich wollte die Musical-Rechte kaufen, eine Bühnenfassung schreiben und damit auf Tour gehen. Mein Management, MainMan, hat sich aber nicht richtig darum gekümmert, und dann fand ich heraus, dass Orwells Witwe geklagt hätte, wenn ich es auch nur gewagt hätte, das Buch zu berühren. Also musste ich den Kurs wechseln. Aber na gut … das war auch kein richtiges Management damals, keiner hat dort einen Finger gerührt.

> *»Der Impuls zu* Diamond Dogs *ging sowohl von* Metropolis *als auch von* 1984 *aus.«*

1973, zwischen *Aladdin Sane* und *Diamond Dogs*, haben Sie noch *Pin Ups* veröffentlicht, ein Cover-Album mit älteren Lieblingssongs von Ihnen. Viele halten das immer noch für eine Ihrer besten Platten. Könnten Sie sich vorstellen, so etwas noch mal zu machen?

Ja, ich kann es sogar kaum erwarten. Aber ich will es auch richtig machen, nicht als Lückenfüller zwischen zwei Platten. Ich will es aber unbedingt, und ich habe schon immer Listen mit Liedern geführt, die ich gern mal covern würde … die sind endlos. Material hätte ich also genug für so eine Platte. Ich glaube, der beste Zeitpunkt dafür wäre gegen Ende einer Tour, wenn man richtig drin ist, die Energie aber noch nicht ganz verbraucht ist. Das wäre genau der Zeitpunkt.

Welche Songs würden Sie denn gern covern?

Verrate ich nicht! (*Lacht.*) Ich habe da nämlich ein paar Prachtstücke, an die zu covern niemand auch nur im Traum denkt.

***Young Americans*, das Studioalbum von 1975 nach *Diamond Dogs*, führte Sie künstlerisch in eine völlig neue Richtung – tief hinein in den afroamerikanischen Soul und Funk. Was denken Sie über den schwarzen Pop von heute?**

Es gibt niemanden, der mich umhaut. Ich sehe da keinen Lionel. Cameos ›Word Up‹ fand ich gut, dann habe ich mir das Album angehört und bin direkt eingeschlafen. Wirklich avanciert ist derzeit nur Rap – am liebsten mag ich Run-D.M.C. Aber ich komme mit einer Menge schwarzer Musik von heute nicht klar – es ist alles einigermaßen tanzbar, aber es kommt nicht aus dem Bauch, verstehen Sie? Von der jetzigen Generation ist Prince wohl der Beste.

Haben Sie seinen zweiten Film gesehen, *Unter dem Kirschmond*?

Ja … habe ich gesehen. Ich sage jetzt nichts dazu, ich käme nicht mal darauf. Ich meine, ich habe ja selbst viele solcher Sachen gemacht. Wer im Glashaus sitzt, sollte nicht mit Steinen werfen. Ups! (*Lacht.*)

1976 sind Sie nach Berlin gezogen, im Jahr darauf be-

gann eine neue avantgardistische Phase mit der Veröffentlichung der Alben *Low* und *Heroes*. Wie sehen Sie den Zustand der musikalischen Avantgarde?

In Amerika zumindest scheint sie tot zu sein.

»Wirklich avanciert ist derzeit nur Rap – am liebsten mag ich Run-D. M. C.«

Es wirkt alles ziemlich karriereorientiert …

Das ist eine interessante Entwicklung. Es gibt Philip Glass, der gerade auf der Höhe seines Schaffens ist, und Laurie Anderson, die Fernsehen und Bühnenshows macht. In Deutschland ist diese Zeit vorbei. Ich glaube, es ging gerade kaputt, als ich Berlin verließ. Was die jetzt in Düsseldorf machen, ist richtig langweilig.

Wie steht es um Kraftwerk? Sie haben ein Lied auf *Heroes* nach Florian Schneider benannt. Wie finden Sie deren letzte Sachen?

Makellos wie immer. Und ihre Musik ist auch gut, in ihrem Genre. Aber sie sind wie Handwerker – sie haben sich entschieden, diesen einen von ihnen entworfenen Holzstuhl herzustellen, und jeder einzelne wird hervorragend gemacht sein, aber es bleibt immer der gleiche Stuhl. Wie eine Manufaktur. Sie sind Handwerker.

Trotz der vielen Touren – und dem Lob, mit dem die

Kritiker Sie überschütteten – hatten Sie beträchtliche Schulden. Wie kam das?

Das hatte alles mit den MainMan-Leuten zu tun. Die meisten von denen wollten Stars sein. Also haben sie das Geld verwendet, das reinkam – wenn nicht für Drogen, dann für ihre eigenen Produktionen und dergleichen. Es gab ja wirklich mehr Drogen als … unglaublich. Ich dachte, ich sei schon schlimm, aber es war unfassbar, wie viele Drogen genommen wurden. Dafür ging das ganze Geld drauf.

Die geschäftliche Seite Ihrer Karriere haben Sie 1983 schließlich in den Griff bekommen, als Sie einen sehr lukrativen Vertrag bei einem neuen Label unterzeichneten und Ihre kommerziell erfolgreichste LP rauskam, *Let's Dance*. Wie sehen Sie heute das Musikgeschäft? Als ein Spiel, das Sie einigermaßen beherrschen?

Vor einigen Jahren hatte ich damit ein paar Probleme, etwa zur Zeit von *Let's Dance* und unmittelbar danach. Ich hatte auf einmal dieses riesige Publikum und wusste nicht, wie ich damit umgehen sollte. Also habe ich eine Auszeit genommen und in Europa gelebt, die meiste Zeit in den Bergen, wo ich geschrieben und gearbeitet habe, also einfach die Sachen gemacht habe, die ich gern tue. Das hat mich wieder auf Kurs gebracht. Vielleicht klingt *Never Let Me Down* deshalb mehr wie … als würde es direkt an *Scary Monsters* anschließen. Es ist fast so, als hätten *Let's Dance* und *Tonight* da im Weg gestanden. Außerdem mache ich dieses Jahr noch was auf der Bühne, worauf ich mich wahnsinnig freue, weil ich mal wieder richtig was riskiere.

Können Sie schon verraten, was das sein wird?

Nein! (*Lacht.*) Es machen zu viele andere auch gerade Neues. Ich werde einfach das machen, was ich immer gemacht habe: dafür sorgen, dass es interessant bleibt.

Was tun Sie eigentlich die ganze Zeit zu Hause, während Sie in der Schweiz sind? Dort ist es ziemlich ruhig, oder?

Ich arbeite. Die ganze Zeit. Wenn ich nicht arbeite, fahre ich Ski. Das ist die einzige andere Beschäftigung. Wenn ich Zeit dafür habe oder mich danach fühle, male ich. Und ich lese sehr viel.

Was haben Sie in letzter Zeit gelesen?

Ich habe gerade die Theaterstücke von Joe Orton gelesen. Und Harold Pinters *Der stumme Diener*, ein wunderbares Stück.

Sind Sie Pinter mal begegnet?

Gott, nein. Ich würde ihn wahnsinnig gern mal treffen. Oder nein, das denke ich wahrscheinlich nur. In Wahrheit hasse ich es, berühmte Leute zu treffen. Das ist jedes Mal eine Enttäuschung. Die sind immer viel kleiner als im Fernsehen (*lacht*). Charlie Sexton ist der einzige, dem ich in letzter Zeit begegnet bin, der größer ist, als ich dachte. Oder nein, warten Sie – bei einem von den Durans ist es auch so: John Taylor. Der ist auch ziemlich groß.

Wie finden Sie Duran Duran? Sind Sie mit ihnen befreundet?

Ich kam mit denen nicht gut klar, als wir uns vor ein paar Jahren das erste Mal begegnet sind. Ich fand sie dann doch ein bisschen arrogant. Aber ich schätze, das machen wir alle mal durch. In den letzten ein, zwei Jahren sind sie wirklich okay geworden. Simon hat sich extrem verändert, seit er wieder mit dem Segeln angefangen hat. Und seine Haarfarbe hat er auch geändert (*lacht*).

»Berühmte Leute zu treffen ist jedes Mal eine Enttäuschung. Die sind immer viel kleiner als im Fernsehen.«

Haben Sie die beiden Bücher gelesen, die kürzlich über Sie erschienen sind, *Bowie* von Jerry Hopkins und *Stardust* von dem Journalisten Henry Edwards und Tony Zanetta, Ihrem früheren Mitarbeiter bei MainMan?

Die *beiden* Bücher über mich? Nach meiner letzten Zählung sind es siebenunddreißig. Siebenunddreißig! Ich habe nach dem vierten oder fünften aufgehört, diese Sachen zu lesen. Wenn man sieht, wer so was macht, wird schnell klar, dass das Leute sind, die sich einfach bereichern wollen. Die üblichen Verdächtigen: die Ex-Frau, Ava Cherry, Cherry Vanilla, Tony Zanetta. Im Wesentlichen sind das Leute, die in den frühen Siebzigern eine fantastische Zeit hatten und jetzt pleite sind.

Wurde Ihnen schon mal angeboten, selbst ein Buch zu schreiben?

Millionen Mal. Für unvorstellbare Summen.

Sind Sie jemals in Versuchung gekommen?

Nie.

Mit *Der Mann, der vom Himmel fiel* hat 1976 Ihre Filmkarriere begonnen. Seitdem haben Sie in fünf weiteren Filmen mitgewirkt. Gibt es neue Filmprojekte, über die Sie schon sprechen können?

Nicht direkt. Mick und ich denken immer wieder darüber nach. Ich denke, das wird auch irgendwann was, aber nur, wenn wir eine Geschichte haben, an die wir glauben, und uns nicht einfach nur für einen Konzertfilm oder so was zusammentun.

»Die beiden Bücher über mich? Nach meiner letzten Zählung sind es siebenunddreißig!«

Lesen Sie Drehbücher?

Eigentlich wollen wir selbst etwas schreiben. Das ist unser Ziel. Ich glaube, wir müssen da insgesamt vorsichtig vorgehen. Die Geschichte muss wirklich Substanz haben, und natürlich sollte es viel Musik geben. Ich finde aber, dass keine Konzertauftritte vorkommen sollten, sonst wird das ein x-beliebiger Rock 'n' Roll-Film mit Stars.

Es ist nicht einfach, aber ich glaube, wir kriegen das hin. Wir arbeiten schon dran, um ehrlich zu sein. Zusammen mit einem Autor, den wir sehr schätzen. Mal sehen, was daraus wird.

Ist es für jemanden wie Sie – der mit Masken und verschiedenen Rollen auf der Bühne arbeitet – schwierig, als Filmschauspieler zu arbeiten, sich vor der Kamera zu öffnen?

Nein. Ich weiß darüber zu wenig, noch macht es mir also Spaß. Ich belaste mich nicht mit Gedanken wie: »Ich muss besser sein als im letzten Film, oder so« (*lacht*). Also genieße ich es einfach.

Sind Sie mit *Junge Helden* zufrieden?

Ich mag den Film. Für mich ist er wie *The Rocky Horror Picture Show*. Ich war neulich bei Tower Video, um mir Filme zu besorgen, und da hat man mir gesagt, dass es einer der am häufigsten ausgeliehenen Filme ist. Und dass es Leute gibt, die das ganze Drehbuch auswendig können. Wenn das jetzt anfängt, und wenn er in den richtigen Spätvorstellungskinos gezeigt werden sollte, dann könnte das einer dieser Filme werden, die …

Na ja, er ist anders als andere Filme.

(*Lacht.*) Ja, er ist anders als andere Filme. Und Julien Temple, genau wie Tony Scott … Ich hatte ja das Vergnügen, mit Tony für *Begierde* zusammenzuarbeiten – ein Glück, dass wir danach Freunde geblieben sind – und nach dem Film hatte er es *wirklich* schwer. Die Leute haben an ihm vorbeigeguckt. Niemand hätte gedacht – er am allerwenigsten, glaube ich –, dass er der größte Regisseur Amerikas werden würde. Ein *Top Gun* (*schnippt mit den Fingern*), und auf einmal bekommt er *Beverly Hills Cop II*, und jetzt wollen ihn alle. Ich schätze Julien ähnlich ein – Julien wird seinen Durchbruch noch haben.

Ich war mir immer sicher, dass *Begierde* ein Kultfilm wird.

Und einer, der im Verleih Erfolg hat. Er wurde in das Buch *Cult Movies* aufgenommen. Wie *Junge Helden*. Stellen Sie sich das mal vor: *Junge Helden*, *Begierde*, *Der Mann, der vom Himmel fiel* – alle haben es da reingeschafft, Mann! (*Lacht.*) Und, klar, hab ich nachgeguckt!

Welchen Ihrer Filme mögen Sie am liebsten?

Der Mann, der vom Himmel fiel finde ich immer noch faszinierend. Und *Merry Christmas, Mr. Lawrence*. Die beiden mag ich am liebsten. Obwohl ich mittlerweile auch *Begierde* gut finde. Da sind schon einige interessante Sachen drin. Die ersten zwanzig Minuten haben ein höllisches Tempo – die Anfangsszene ist absolut fantastisch. Er lässt dann sehr nach, aber es ist trotzdem ein interessanter Film.

Alle Filme leben heutzutage auf Video weiter, ich finde das großartig.

Ja. Na ja, bei *manchen* ist es großartig (*lacht*). *Schöner Gigolo, armer Gigolo* kann gern in Vergessenheit geraten, wenn es nach mir ginge.

Der ist doch sicher auch in *Cult Movies*, oder?

Ich habe mich nicht mal getraut, bei S nachzusehen.

Keine gute Erfahrung?

Eigentlich schon, doch, doch. Ich hatte dabei sogar mehr Spaß als bei allen anderen. Weil wir uns nach ein paar Wochen anguckten und sagten: »Der Film ist komplett scheiße, oder?« – »Ja.« – »Okay, lasst uns Spaß haben.« Also hatten wir immerhin fünf oder sechs Wochen Spaß in Berlin.

Sind Sie in Deutschland jemals Rainer Werner Fassbinder begegnet?

Nicht direkt begegnet. Ich habe ihn aber einmal gesehen, in einer Bar.

Betrunken?

Nein, er wirkte okay. Er konnte stehen. Mit ein paar wirklich kräftig aussehenden Jungs. Die Sorte, von der sich die Hells Angels fernhalten würden. Er hing da mit dieser Truppe rum – ein kräftiger Kerl! Aber er war ein faszinierender Typ. Ungewöhnlicher Umgang mit dem Film und seinen Symbolen. Unglaublich gut. Für deutsche Filmemacher habe ich ohnehin ein echtes Faible. Herzog ist auch fantastisch.

»Mick wäre der bessere Byron.
Dafür wäre ich der bessere Shelley.«

Tina Sinatra hat kürzlich gesagt, dass Sie und Robert De Niro die zwei Leute wären, die sie für das Biopic über ihren Vater im Kopf habe.

Welchen Teil von ihm würde ich spielen?

Den englischen, vermute ich. Sie sagte, Frank »respektiere« Sie als Künstler.

Das ist ja freundlich. Tolle Neuigkeiten.

Wurde Ihnen jemals die Hauptrolle in einem anderen Biopic angeboten?

Oh, lustige Sachen, ja – Lord Byron, so was. Ich weiß nicht, aber ich glaube, Mick wäre der bessere Byron. Dafür wäre ich der bessere Shelley (*lacht*). Aber ich glaube nicht, dass das etwas für mich wäre. Ich möchte lieber selbst Geschichten für die Leinwand schreiben – Sachen, mit denen ich ernsthafter umgehen könnte als mit irgendwas, das man mir anbietet.

Gibt es Filme, die Rock 'n' Roll wirklich gut in Szene setzen?

Wahrscheinlich *Sid und Nancy*, auf eine seltsam makabre Art. Der zeigt die Aspekte, die die Leute zu interessieren scheinen, in der Hinsicht ist das ein großartiger Film. Ich fand die Darstellung einiger Leute um Sid furchtbar. Ich fand Iggy lächerlich. Mal im Ernst, haben Sie Iggy wiedererkannt? Der Typ war wie Neil Diamond oder so, in dieser riesigen Wohnung mit den ganzen Mädchen. Ich habe Iggy nie so gesehen, und ich bin mir sicher, dass die Pistols ihn auch nie so gesehen haben. Und Johnny Rotten war grauenhaft. Aber Gary Oldman war gut als Sid. Ich bin Sid nur zweimal begegnet, glaube ich.

Wie haben Sie ihn wahrgenommen?

Ein hirnloser Trottel. Ich habe nichts Romantisches in ihm

gesehen oder auch nur Interessantes. Ich glaube, er stand völlig im Bann von Rotten, der hatte Charisma. Was auch immer Johnny gesagt hat, Sid hat es sofort gemacht.

> *»Sid? Ein hirnloser Trottel. Rotten, der hatte Charisma. Was auch immer Johnny gesagt hat, Sid hat es sofort gemacht.«*

Haben Sie die Pistols je live gesehen?

Nein. Ich bin denen mal begegnet, als ich mit Iggy zusammengearbeitet habe, auf seiner Tour 1977, als ich bei ihm Klavier gespielt habe. Und Johnny und Sid – die kamen einzeln zu verschiedenen Auftritten, weil, o Mann, sie haben den Boden geküsst, auf den Iggy … gespuckt hatte (*kichert*).

Ah, der alte Nihilismus. Zur Zeit von *Diamond Dogs* waren Sie, scheint mir, sehr apokalyptisch gestimmt. Empfinden Sie das immer noch so – dass das Ende nah ist?

Nein, gar nicht. Das kann ich gar nicht. Ich muss immer nach irgendeinem Licht am Ende des Tunnels suchen. Zumindest seit ich einen Sohn habe. Man verändert sich sehr. Ich glaube, wenn man jung ist, findet man es irgendwie aufregend, schwarz zu sehen. Aber das ändert sich, wenn man älter wird. Das ist es, was sich ändert. Die Energie ändert sich nicht, sie wird nur in eine andere Richtung gelenkt.

Hat sich der Rock 'n' Roll verändert?

Rock 'n' Roll gibt es nur für uns – nicht für die heutigen Jugendlichen. Wir haben ihn geschrieben, wir spielen ihn, wir hören ihn. Wir hören Rock. Die Jugendlichen hören was anderes – sie haben ein neues Bedürfnis nach Musik, auf eine andere Art als wir.

Glauben Sie, Rock ist tot?

Wenn es nur um die Lebensfreude geht, die er verbreitet, ist er genauso wichtig wie früher. Aber sozial gerät er in eine andere Zeit, er verändert dauernd sein Vokabular. Das macht ihn auch eigentlich zur aufregendsten Kunstform. Weil er eine soziale Währung ist. Er hat seinen Ort in der Gesellschaft. Rock ist eine lebendige Kunst und unterliegt dauernden Neubewertungen und Wandlungen. Was ihn viel interessanter als Malerei macht, zum Beispiel, oder andere bildende Künste, die so viel für so wenig machen. Und mittlerweile steckt in der Malerei mindestens genauso viel Geld wie je zuvor in der Rockmusik …

Ich glaube, im Rock gibt es gerade eine Neuorientierung. Das Interesse richtet sich nicht mehr so sehr auf Videos – was gut ist –, sondern wieder stärker auf die Bühne, auf die Interaktion zwischen Publikum und Künstler. Sie ist sehr körperlich und gefährlich im Moment, aber ich glaube, Künstler und Publikum begegnen sich anders. Video stand wirklich sehr zwischen dem Künstler und dem Publikum in den letzten Jahren.

Welche der neueren Bands gefällt Ihnen am besten?

The Screaming Blue Messiahs. Die finde ich wirklich fantastisch … Und ich mochte die Psychedelic Furs immer sehr, eine tolle Band. Ich wollte sie produzieren, und sie haben mich auch mehrfach gefragt, aber ich hatte nie Zeit.

Den meisten Bands würde ich niemals so direkt vorschlagen, dass ich sie produzieren könnte, weil ich ja mag, was sie selbst machen. Es käme mir nie in den Sinn, sagen wir, den Messiahs vorzuschlagen, dass wir was zusammen machen könnten. Sie machen ihre eigene Sache so gut, dass sie mich so nötig haben wie einen Kropf.

Lernen Sie durch Ihren Sohn neue Bands kennen?

Ja. Ich muss mir mal die Sachen der Stupids anhören. Ich hatte noch nie von denen gehört, eine englische Band, die Joe ziemlich mag. Er fand PiL gut, bis er sie mal bei einem Auftritt sah. Ich fand das letzte Album großartig, aber das Konzert war mies. Alles war so müde. Kein Enthusiasmus, weder in der Band noch im Publikum …

Von den englischen Bands gefallen mir zurzeit kaum welche. Und die älteren, die aufregend waren, wie The Fall … Das neue Album von The Fall ist wirklich Mist, die Gedichte eines Vierzehnjährigen. Richtig unreifes Zeug.

Ihr eigenes letztes Album *Never Let Me Down* hat für mich etwas sehr Erlesenes, Ausgeklügeltes, mit Sitar und Mellotron, sogar Mundharmonika. Und bei einem Lied, ›Glass Spider‹, klingt eine Stimme im Background auffällig wie John Lennon.

Na ja, das Album ist auch auf eine Art ausgeklügelt, weil es jeden Stil aufnimmt, mit dem ich je gearbeitet habe, glaube ich. Und dazu alle Einflüsse, die ich aus der Rockmusik aufgenommen habe. In einem Lied, ›Zeroes‹, habe ich versucht, alle Klischees unterzubringen, die es in den Sechzigern so gab – »letting love in«, solche Slogans. Aber das war liebevoll gemeint, nicht als Kritik. Ich wollte nur das Gefühl dieser Zeit hervorrufen, der späten Sechziger.

Was steckt hinter dem Titelsong ›Never Let Me Down‹?

Da geht es im Wesentlichen um Coco, mehr als um irgendjemanden sonst.

Ein romantisches Verhältnis?

Nein, platonisch. Aber es liegt wohl auch eine gewisse Romantik darin, vermute ich, insofern, als es schwierig für zwei Menschen ist, sich in der Gegenwart des anderen wohlzufühlen und gleichzeitig nicht zu viel zu erwarten. Immer da zu sein, wenn der andere jemanden braucht und so. Man trifft nicht viele Menschen im Leben, mit denen das geht, oder bei denen man das so empfindet.

Haben Sie andere längere Freundschaften?

Ja, ich habe vier oder fünf Freunde, die ich noch aus der Schule kenne. Mit einem bin ich seit meinem fünften Lebensjahr befreundet. Wir sehen uns jedes Jahr. Gerade jetzt, zu meinem Vierzigsten, sind wir zusammengekommen – die werden ja jetzt auch alle vierzig. Also haben wir uns getroffen und zurückgeblickt: »O Mann, weißt du noch …?« Und: »Hättest du gedacht, dass …?« Das war schon was!

Glauben Sie, dass Sie sich sehr verändert haben über die Jahre?

Ich bin der Person ähnlicher, die ich 1967 war, als der Person von, sagen wir, 1977. So fühle ich mich zumindest. Ich bin so heiter und optimistisch wie damals – anders als in den Siebzigern, wo ich so düster und nihilistisch drauf war. Als würde sich ein Kreis schließen, in dieser Hinsicht.

Frauenkleider tragen Sie nicht mehr ...

Also, das einzige Mal, dass ich Kleider getragen habe ... Es gab da dieses lustige kleine weiße Teil mit den Stiefeln – Kansais Antwort auf Dick Whittington, wenn ich mich recht erinnere: »Iss-a ein-a Dick-Whittington-a!« – »Verstehe.« – »Wie ein-a international-a Pantomime.« – »Es ist ein Frauenkleid, Kansai.« – »Nein, nein – es-a hat-a Stiefel.« – »Ja, aus Satin ... Okay, ich mach's.«

Und dann bin ich noch als drei verschiedene Frauen im Video zu ›Boys Keep Swinging‹ aufgetreten. Und ich hatte ein Kleid bei *Saturday Night Live* an, das einer Fotomontage von John Heartfield nachempfunden war – ich sah ein bisschen aus wie eine kommunistische chinesische Stewardess. Aber ich habe nicht so oft Kleider getragen wie Milton Berle.

»Ich sah ein bisschen aus wie eine kommunistische chinesische Stewardess.«

Empfinden Sie es als Erleichterung, nicht mehr ständig provokativ sein zu müssen?

Was? Nein, eigentlich nicht. Eher als Enttäuschung (*lacht*). Ich werde mich anstrengen. Ich habe noch ein paar Asse im Ärmel!

Ein abschließendes Modestatement?

Schulterpolster sind die Schlaghosen der Achtziger.

GLAMOUR UND AUSSENSEITERTUM

Im Gespräch mit Hanif Kureishi, 1993

Als du in der Schule warst, hattest du da schon einen Plan?

Ich habe einen Plan, seit ich acht Jahre alt bin.

Wie kam das?

Mein Vater brachte ein paar Schallplatten mit nach Hause, die man ihm geschickt hatte. Er hat nämlich als PR-Mann für Doktor Barnardos Kinderheime gearbeitet. Einmal passierte Folgendes: Eine Familie, ich glaube GIs, hatte eine Menge Platten geschickt. Das waren alles 45er mit der großen Öffnung in der Mitte. Und er brachte einen Stapel davon mit, damit ich sie mir anhören konnte. Da war eine von Little Richard, das war …

Oh, die kenne ich.

Ja. Es war toll. Es war ›She's Got It‹. »Sweet little girl that lives down the street / I'm crazy, but I say she's sweet …« (*Singt:*) »She's got it.« Aber ich hatte nur einen 78er-Plattenspieler mit Federwerk. Es hat Monate gedauert, bis ich die richtige Geschwindigkeit hatte. Als ich den Song hörte, wollte ich in der Band von Little Richard Saxophon spielen. Das war mein Traum mit acht oder neun Jahren. Ich wollte einer von Little Richards Saxophonisten werden. Damals habe ich mein erstes Saxophon gekauft, ein Selmer … Das war so ein komisches bakelitartiges Material. Dasselbe, das auch Johnny Dankworth hatte. Dieser cremefarbene Kunststoff mit all den goldenen Klappen drauf. Die waren ziemlich billig. Trotzdem kam für mich natürlich nur Ratenzahlung infrage. Ich musste Fleischwaren für eine Metzgerei austragen, um die ersten Raten zu bezahlen.

Und du hast dir das Spielen selbst beigebracht?

Ja. Und dann habe ich rausgefunden, dass der Jazzmusiker Ronnie Ross in unserer Gegend wohnte.

In Bromley?

Ja.

Wirklich?

Ja. Er wohnte in der … Mein Gott, wo war das noch? Ich komme nicht drauf. Ja, es war in Bromley. Nein, in Aldington. Jedenfalls nicht weit weg. Eines Tages habe ich ihn angerufen und gefragt: »Kann ich zu Ihnen kommen? Würden Sie mir Unterricht geben?« Und er sagte: »Das mache ich sonst eigentlich nicht, aber gut. Wie wär's am Samstagnachmittag?« Also bin ich zu ihm und habe angefangen. Nach zehn Unterrichtsstunden dachte ich mir, ich habe genug gelernt, jetzt kann ich spielen.

Also sagte ich ihm: »Ich gehe jetzt in eine Band, Ron, und werde ein Rockstar.« Und er sagte: »Ja. Du kannst genug, um Rock 'n' Roll zu spielen.« Die Ironie dabei ist, dass es mir viele Jahre später gelang, ihn für die Session mit Lou Reed zu gewinnen, ›Walk On The Wild Side‹, und Ron spielte das Baritonsaxophon. Am Ende der Session – ich hatte damals ganz rotes Haar und keine Augenbrauen – ging ich rein, und er sagte: »Vielen Dank!« Ich sagte: »Nein, ich habe Ihnen zu danken. Es ist das Mindeste, was ich für Sie tun konnte.« Er sagte: »Wie meinen Sie das?« Und ich sagte: »Na, Sie haben mir das Saxophonspielen beigebracht.« Er sagte: »Wirklich?«

Er konnte sich nicht erinnern?

Nein. Und er sagte: »Wann war das?« Und ich sagte: »Ich war dieser Bursche, der zu Ihnen kam. Damals war ich neun oder zehn Jahre alt.« – »Großer Gott«, sagte er. »Sie haben mir damals doch gesagt, dass Sie ein Rockstar werden würden.« – »Ja.«

Tolle Geschichte. Gab es für dich unter den englischen Popstars Vorbilder?

Syd Barrett von Pink Floyd.

Wo hast du Pink Floyd gesehen?

Ich glaube, zum ersten Mal im Marquee ... Entweder im Marquee oder in der St. Martin's School of Art. Da irgendwo. Sie waren damals weitgehend noch Halbprofis. Syd war der erste in der Rockmusik, den ich mit Make-up gesehen habe. Er hatte schwarzlackierte Fingernägel und jede Menge Wimperntusche drauf und schwarzen Lidschatten, und er war so geheimnisvoll. Etwas Androgynes, das ich absolut faszinierend fand. Er war ... Natürlich, der Junge hatte psychische Probleme, wie wir später erfahren haben. Aber er hatte etwas Überirdisches an sich. Das berührte mich, wie ein Neutrum oder so etwas. Es war, als schwebte er zehn Zentimeter über dem Boden. Das war ein Ort, an dem ich sein wollte. Ich wusste nicht, was für ein Ort das war. Ich wusste nur, dass er wirklich existierte.

Du hast also mit acht Jahren Saxophon spielen gelernt?

Ja.

Dachtest du auch mal: Ich werde in einer Bank arbeiten, oder: Ich werde Rechtsanwalt?

Nein, niemals. Keine Sekunde. Zu keiner Zeit habe ich daran gezweifelt, dass ich Englands Elvis Presley sein würde, so nahe man dem nur kommen konnte. Schon mit acht oder neun Jahren habe ich gedacht: Ich werde der größte Rockstar Englands sein. Es war ein Entschluss. Ich dachte: Das lohnt sich. Das werde ich machen.

»Mein Vater war ein liebenswürdiger Mann, und ich habe ihn wirklich geliebt. Aber wir konnten nie richtig miteinander reden.«

Hatte das etwas mit deinen Eltern zu tun?

Wahrscheinlich, weil ich so wenig von ihnen bekommen habe. Ich konnte nie mit meinem Vater reden. Er war ein liebenswürdiger Mann, und ich habe ihn wirklich geliebt. Aber wir konnten nie richtig miteinander reden. Alles, was nur in die Nähe der emotionalen Ebene kam, war absolut verboten. Dem durfte man sich nicht nähern. Alle wurden verlegen und sagten: »Genug davon!« oder »Was soll das? Warum willst du darüber reden?«

Mit wem hast du geredet? Wer war der erste Mensch, mit dem du als Teenager geredet hast?

George, glaube ich. George Underwood. Er ist heute Illustrator. Georgie war der Typ, mit dem ich wirklich reden konnte. Und er ist immer noch mein bester Freund. Es ist toll, Menschen zu sehen, die ich schon mit acht Jahren gekannt habe – und ich bin immer noch mit ihnen befreundet. Das ist ein großartiges Gefühl.

Es ist sehr ungewöhnlich, so jung, wenn man noch in die Schule geht, ein Gefühl für die Zukunft zu haben. Man denkt eigentlich nicht einmal an den nächsten Tag, geschweige denn an das, was man in zehn Jahren tun wird.

Ja.

Dieses Gefühl, einen Plan zu haben, interessiert mich sehr. Wenn ich frühe Interviews mit dir lese, sprichst du davon, wie entschlossen du bist. Du magst Menschen nicht, die nichts tun.

Nein.

Und du denkst: Habe ich das wirklich früh genug geschafft?

Ich weiß heute ganz sicher, dass viel von diesem Ehrgeiz und diesem Drang aus dem Wunsch entstand, mir selbst zu entkommen, aus dem Gefühl, unzureichend und verletzlich zu sein und von niemandem besonders geliebt zu werden. Dieses ganze Gepäck, das man mit sich herumträgt, das Gefühl, nicht geliebt zu werden, und dieses Selbstmitleid, das habe ich verscheucht, indem ich mich in die Arbeit gestürzt habe, aber auch auf Menschen und auf Rollen. Ich weiß nicht, ob das schon mal vorgekommen war, dass ein Rockstar sich zu etwas macht, was er nicht ist, nur um es zu tun, um sich selbst zu entkommen. Und im Rückblick glaube ich, dass ich genau das gemacht habe.

»Ich weiß nicht, ob das schon mal vorgekommen war, dass ein Rockstar sich zu etwas macht, was er nicht ist, nur um sich selbst zu entkommen.«

Du hast dich also zu Hause fremder gefühlt als draußen auf der Straße.

Ja, ganz genau. Ich habe mich wirklich fremd zu Hause gefühlt. Ich hatte nie das Gefühl, mit jemandem über etwas reden zu können. Ich habe sehr viel Zeit in meinem Zimmer verbracht. Das war wirklich meine Welt. Da hatte ich Bücher, meine Musik, meinen Plattenspieler.

Und deine Eltern?

Meine Welt war oben in meinem Zimmer. Wenn ich aus meiner Welt auf die Straße gehen wollte, musste ich durch dieses Niemandsland, das Wohnzimmer und den Flur.

Und was haben deine Eltern getan, das dir nicht gefiel, wenn du oben in deinem Zimmer warst?

Da gab es oft Streit. Das Übliche ... Ich weiß nicht. Dieser ganze Familienkram mit der restlichen Verwandtschaft, das war mir vollkommen fern. Tanten und Onkel und Vettern und das ganze Gerede, das interessierte mich überhaupt nicht. Heute wünsche ich mir, ich hätte zugehört, denn ich weiß so wenig über meine Familie, und ich hätte viel mehr erfahren können.

Und du hättest mehr über dich selbst erfahren können.

Wahrscheinlich. Aber ich hatte meine Welt oben in meinem Zimmer. Und ich hatte einen Bruder, einen Halbbruder, der 1986 Selbstmord begangen hat. Das war ein richtiger Intellektueller. Als ich etwa zwölf war, brachte er mich dazu, die Beat-Dichter zu lesen, dieses amerikanische Zeug, das ich in der Schule nie kennengelernt hätte. Und er liebte Jazz. Er brachte mich auf die Idee, dass Jazz hip war. Ich dachte: Das ist toll! Und ich hörte viel Jazz. Aber es hat Jahre gedauert, bis ich es wirklich verstand. Erst mit fünfzehn oder sechzehn begann ich, Jazz wirklich zu mögen. Mit zwölf dachte ich bloß, dass nichts so hip war wie Jazz. Wenn die Leute mich fragten, was für Musik ich höre, sagte ich: »Jazz. Ich liebe Jazz.« Ich liebte Jazz nicht wirklich, aber ich hörte Eric Dolphy und John Coltrane, Sachen, die viel zu hoch für mich waren. Aber ich dachte, ich muss das mögen. Der erste, der mich wirklich ansprach, war Charlie Mingus – Charlie Mingus und Roland Kirk. Weil das so exzentrisch war, auf eine Weise exzentrisch, die ich wirklich verstand.

Hast du dich schon als Teenager für Kleidung interessiert?

Ja, schon immer.

Wie alt warst du da? Vierzehn?

Nein, früher. Wahrscheinlich mit dreizehn. 1961 fing das wirklich an, so mit vierzehn Jahren. Damals trug ich das Mod-Zeug. Ich war voll drin. Mit fünfzehn habe ich die Schule verlassen. Danach fuhr ich regelmäßig mit dem Zug nach London. Ich begann, einen Typ zu kopieren, der auch mit dem Zug fuhr. Gott, ich habe seinen Namen vergessen. Leslie, glaube ich. Er war wirklich der Top-Mod unserer Gegend. Und er war der erste, den ich gesehen habe, der Make-up trug. Er trug Make-up, wenn er mit dem Zug in die Stadt fuhr. Und er war sehr hip, weil er italienische Jacketts und weiße Jeans trug, und das war so cool. Mann, war das cool. Heute ist das Mode. Es ähnelt stark dem L. A.-Look. Das Wichtigste an diesem Look sind ja der Blazer und die weißen Jeans. Und er trug Chelsea-Boots, aber mit fluoreszierenden Strümpfen, pinkfarbene oder grüne fluoreszierende Strümpfe und dazu Lidschatten, der jeweils zur Farbe der Strümpfe passte.

»Ich hörte Eric Dolphy und John Coltrane, Sachen, die viel zu hoch für mich waren.«

Und das im Zug auf dem Weg zur Arbeit?

Ja, im Zug auf dem Weg zur Arbeit. Sein Haar war leicht toupiert und in der Mitte gescheitelt. Das war schrill und irgendwie seltsam. Und ich dachte, das gefällt mir, weil es weder das eine noch das andere ist. Verstehst du?

Wie alt warst du, als du die Werbeagentur verlassen hast?

Damals begann ich meine systematische Tour von einer Band zur anderen. Manche hielten nur eine Woche durch, andere ein paar Monate. Und im Grunde waren das alles R&B-Bands. Damals wurde mir klar, dass die Popmusik, die mir gefiel, eher mit R&B zu tun hatte als mit Rock. Es reichte mir nicht mehr, Songs anderer Leute zu singen, und in der Zeit ging alles sehr schnell, zumindest in meinem Kopf. Ich fing nicht nur an, Songs für die Bands zu schreiben, in denen ich war, ich dachte mir auch, dass es sehr interessante Möglichkeiten gab, sie zu präsentieren. Ich hatte mir ein paar Theatervorstellungen und solche Sachen angesehen …

In London?

Ja.

Was hast du gesehen?

Also eine Sache, an die ich mich erinnere, weil sie mich mit etwa siebzehn sehr beeindruckt hat, war *I Am A Camera*. Die Beleuchtung war fantastisch. Ich habe lange nicht erkannt, dass die Beleuchtung, nach der ich suchte, eine Art Brechtsche Beleuchtung war, die eine Distanz zwischen Publikum und Bühne herstellt. Aber das fand ich dann schließlich heraus und verfolgte es bis zu den deutschen expressionistischen Filmen zurück. Ich lernte eine Reihe von Ansichten kennen, die mir gefielen, und ich verstand, wie sie auf mich wirkten.

Hast du gern getanzt?

Nein, nein, darin war ich nicht besonders gut. Ich war nie ein echter Tänzer. Ich kam mir so plump und linkisch vor. Viel lieber stand ich vor der Band und sang die Songs vor all diesen Leuten. Warum das so ist, werde ich wohl nie herausfinden. Und es ist heute noch so. Es ist absolut kein Problem für mich, vor fünfzigtausend Menschen zu singen und eine zweistündige Show zu präsentieren. Aber im Gespräch mit anderen Leuten stolpere ich über mich selbst, weil ich wirklich nervös werde und meine Zunge wie gelähmt ist. Bis heute. Es geht inzwischen sehr viel besser als früher, aber die Chemie, die dafür verantwortlich ist, habe ich bis heute nicht verstanden.

»Es ist kein Problem für mich, vor fünfzigtausend Menschen zu singen. Aber im Gespräch stolpere ich über mich selbst.«

Warst du da schon zu Hause ausgezogen?

Ja, ich bin ziemlich schnell weggegangen.

Du hast in London gewohnt?

Ja. Ich wollte da möglichst schnell raus.

Hast du deine Eltern noch besucht?

Gelegentlich. Aber nur, wenn ich was brauchte. Ich fuhr hin, wenn meine Wäsche gewaschen werden musste und solche Sachen. Ich bin nie hingefahren, weil ich das Bedürfnis hatte, sie zu sehen. Ich hatte das Gefühl, sie auszunutzen. Und so war es wohl auch. Als mein Vater 1968 starb, brachte mir das natürlich eine Menge Gewissensbisse ein. Und das zu einer Zeit, als ich gerade begann, erwachsen zu werden und zu erkennen, dass ich nur ein wenig meine Hand hätte ausstrecken müssen. Er starb genau zum falschen Zeitpunkt. Ich hätte ihm so viele Dinge sagen, ihn so viel fragen wollen. Diese ganze stereotype Reue, wenn dein Vater stirbt und du noch nicht mit ihm im Reinen bist. Mein Gott, das war schrecklich. Ich fühlte mich so ... Verdammt! Der falsche Zeitpunkt. Nicht jetzt! Noch nicht! Es war fürchterlich. Ich habe es gehasst. Es hat mich wirklich berührt.

Hat es dich so berührt, weil du nun die Nähe deiner Mutter suchen musstest?

Nein. Es fiel mir immer noch schwer, ihr nahezukommen. Ich war beinahe wütend, dass ... Ach, lassen wir das. Nein, es hat lange gedauert, bis ich eine gewisse Nähe zu meiner Mutter gefunden habe, weil es auch ihr immer sehr schwergefallen ist, ihre Gefühle auszudrücken. In neun von zehn Fällen kamen ihre Gefühle und ihre Sorge als Wut heraus. Wenn sie sich Sorgen um mich machte, dann sagte sie nicht: »David, ich muss mit dir sprechen.« Sie sagte: »Was zum Teufel machst du da wieder?« Immer nur: »Tu dies nicht! Tu das nicht!«, und: »Weißt du eigentlich, was du deinem Vater und mir antust?« O Gott ...

Ist dir jemals der Gedanke gekommen, dass Traurigkeit für dich als Musiker unerlässlich ist?

Ich habe immer gedacht, dass das mein Schicksal ist. Ich habe nie gedacht, dass ich je sonderlich glücklich sein könnte. Ich habe angenommen, das sei der Preis für die Fähigkeit, Songs zu schreiben und durch Musik zu kommunizieren. Ich dachte, du gewinnst etwas und du verlierst etwas. Es gab tatsächlich einen Punkt, da dachte ich, dass ich nie eine echte Beziehung mit jemandem haben würde und dass ich immer allein bleiben würde. Aber als Ausgleich hätte ich die Fähigkeit zu schreiben.

»Ich dachte, dass ich immer allein bleiben würde. Aber als Ausgleich hätte ich die Fähigkeit zu schreiben.«

Als Kompensation …

Ja. Als Ausgleich hätte ich diese Fähigkeit, Magie mit der Musik zu treiben. Diese verschiedenen Dinge zusammenzusetzen und etwas zu schaffen, das mich und wahrscheinlich auch ein paar andere Menschen wirklich begeisterte. Dann siehst du dir das genauer an und vergleichst es mit anderen Künstlern in der Geschichte und sagst dir: Sie waren genauso. Sie waren immer sehr kaputt und führten ein elendes Leben, aber sieh dir an, was für großartige Kunst sie geschaffen haben. Du bist nicht bereit, jemals an die Künstler zu denken, die ein ausgeglichenes, harmonisches Leben geführt haben und trotzdem große Künstler waren. Du sagst dir: Die sind die Ausnahme von der Regel. Man muss vollkommen kaputt sein, das musst du nun mal akzeptieren.

Ein schlimmer Pakt, oder?

O Gott, es ist lächerlich.

Wenn du dir Picasso ansiehst, denkst du, dieser Kerl hat sich neunzig Jahre in sein Zimmer eingeschlossen, um zu malen. Was für ein blöder Hund. Er hat diesen Pakt mit dem Teufel geschlossen …

Ja, genau.

Aber du hast diesen Pakt jetzt aufgekündigt, oder?

Ja, das könnte man fast sagen.

Ich verbinde dich eher mit den siebziger als mit den sechziger Jahren.

Unbedingt. In den sechziger Jahren habe ich mich treiben lassen, weil mir nichts wirklich gefiel. Ich habe einfach alles ausprobiert, wirklich alles. So war das damals.

Sogar meine sexuelle Orientierung war damals … Ich suchte, was ich wirklich wollte. Und ich wusste es nicht genau. Das galt auch für die Kunst. Ich hasste den Rock dieser Zeit. Das war nicht der Rock, den ich spielen wollte. Ich wollte etwas mit Theater machen, das symbolisches Gewicht besaß, aber ich wusste nicht, was es war. Die Siebziger, das schlug wirklich ein. Bang. Es war sehr aufregend, weil ich wusste, das ist meine Zeit. Seltsam. Ich hatte das Gefühl, in den sechziger Jahren nur Wasser getreten zu haben. Die Sechziger waren wie ein Übungskurs, in dem ich herausfand, was so lief. Aber als dann 1970 kam, dachte ich (*schnippt mit den Fingern*): Jetzt geht's los. Mein Gott, ist das aufregend. Jetzt fang ich richtig an. Ich wusste es einfach. Ich wusste, dass es meine Zeit war. Da gab es einen Film, der wirklich großen Eindruck auf mich machte. Er hieß *The Queen*. Ich weiß nicht, ob du dich daran erinnerst.

Nein. Wer hat ihn gemacht?

Ich weiß nicht. Es war so eine Art Kunstfilm, Ende der sechziger … nein, eher Mitte der sechziger Jahre. Damals passierten zwei wirklich großartige Dinge im Lifestyle der Schwulen. Das war ja noch vollkommen tabu. Obwohl es doch die sechziger Jahre waren, mit freier Liebe und all dem Zeug, aber das ist alles Blödsinn.

»Als dann 1970 kam, dachte ich: Jetzt geht's los. Mein Gott, ist das aufregend.«

Es war immer noch sehr macho.

Vollkommen. Du musst diesen Film sehen. Es war ein Dokumentarfilm über eine Dragqueen, die durch alle Wettbewerbe in Europa tingelte. Ich hielt sie für das schönste Wesen, das ich je gesehen hatte. Und ich glaubte, dass ich am ehesten mit jemandem wie ihr eine Beziehung haben könnte, nicht in dem Augenblick, aber wenn, dann am ehesten mit jemandem wie ihr. Davon war ich absolut überzeugt. Und in der Zeit, als ich dieses ganze bisexuelle Zeug durchspielte, habe ich mich immer zu wirklich schönen Transvestiten oder Dragqueens hingezogen gefühlt. Es gab eine spezielle Einstellung, in der sie eine Rolltreppe hinunterfuhr, in Schwarzweiß, einem körnigen Schwarzweiß, und ich dachte: O Gott. Eine Fahrt ins Nirgendwo.

Es sprach mich so stark an. Weil es sich wieder um so eine Zwischenwelt handelte. Das hatte sehr viel mit meinen Erfahrungen und mit den Gründen zu tun, warum ich in diese Richtung drängte. Denn es war noch gar nicht lange her gewesen, dass ich meine Heterosexualität erkannt hatte. Auf jeden Fall besaß diese Welt für mich etwas ungeheuer Verlockendes.

Und worin bestand das? Im Glamour? Im Außenseitertum?

Das Außenseitertum war wichtiger als alles andere. Und zwar auch in anderer Hinsicht. Ich mochte diese Menschen. Weil sie so aufgeschlossen waren, zum Beispiel für Musik. Die Schwulenclubs in London waren die einzigen, in denen man gute Musik hören konnte.

Das ist heute noch so. Glaubst du, solche Sachen wie *The Queen* haben etwas mit deinem Wunsch zu tun, dich als Außenseiter zu empfinden? Verstehst du, was ich meine? Dem Wunsch, dich selbst zu einem Außenseiter zu machen.

Mich noch mehr zum Außenseiter zu machen, als ich mich ohnehin schon fühle?

Ja.

Ich glaubte, die Gleichgültigkeit meiner Eltern hätte mich in diese Außenseiterposition gedrängt. Dann bin ich noch weiter gegangen, ich bin bis ans Ende gegangen. Und es brachte mich dazu, wirklich Tabus brechen zu wollen.

»DAS IST DAS GRÖSSTE ÜBERHAUPT, DASS MAN DIE MUSIK VERÄNDERT HAT.«

Im Gespräch mit Max Dax, 1997

Sie haben sich und Ihre Musik immer wieder neu erfunden. Darin ähneln Sie Bob Dylan.

Sein Comeback seit Anfang der Neunziger ist einfach spektakulär, und das geht so weiter, da bin ich mir ganz sicher. Seine Alben sind grandios, selbst die, auf denen er Lieder längst toter Bluessänger eingespielt hat. Seine Texte machen mich sprachlos. Es ist sein Pech, dass es in gewissen Kreisen heute nicht gerade en vogue ist, Bob Dylan zu hören.

Glauben Sie, das tangiert jemanden wie Dylan?

Nein. Ich bin mir ziemlich sicher, dass er aufgeht in dem, was er tut. Wenn er schreibt, dann schreibt er für sich. Und nicht für irgendjemanden sonst. Ich habe das ja auch schon erlebt: Wenn man eine Aufgabe hat, ein Ziel, etwas, in dem man aufgeht, dann tut man das. Dann interessiert einen der Zuspruch des Publikums nicht wirklich. Dylan ist ein Schreiber im eigentlichen Sinn des Wortes: Du schreibst, du belieferst nicht Konsumenten. Punkt. Ende.

Stehen Sie so sehr über den Dingen, dass Sie über Ihr Publikum nicht nachdenken müssen? Sind Sie auch jemand, der nur das tut, was er tun muss?

Manchmal glaube ich das. Mit Sicherheit weiß ich aber, dass ich so aufrichtig wie möglich versuche, mir selbst treu zu bleiben – den halbwegs originellen Idealen, die ich hatte, als ich mit dem Musikmachen angefangen habe, nämlich Wege zu finden, Musik anders, experimenteller und suchender zu präsentieren. Und ich denke, dass ich den Kurs ganz gut gehalten habe. Und was meine Ambitionen für die Zukunft angeht, verhält es sich damit nicht anders. Ich mag meine Arbeit, ich mag die Musik, die wir als Band schreiben und spielen. Ich glaube, wir machen es richtig, gemessen natürlich an dem, was wir wollen und für richtig halten.

Um noch mal auf Bob Dylan zurückzukommen: Seine Texte und seine Musik, sein ganzes Auftreten, sind ja immer ernster, man könnte auch sagen: religiöser, spiritueller geworden, ohne dass es dazu eines explizit religiösen Albums bedurft hätte …

Das stimmt, auch wenn Bob Dylan seit jeher einen ausgeprägten Sinn fürs Metaphysische hat. Ich bin davon überzeugt, dass er schon immer auf einer spirituellen Suche war, die seinem ganzen Wesen und seiner Arbeit diese philosophische Dimension gegeben hat. Und dass er auf dieser Suche verschiedenen religiösen Strukturen begegnet ist, die er in sich aufgenommen hat und die immer wieder in seine Arbeit eingeflossen sind. Ich kann das sehr gut verstehen und nachvollziehen. Denn eine Kraft, die mich immer angetrieben hat, als Privatperson und als Künstler, war die Suche nach einem Grund, nach einem rational fassbaren Grund für meine Existenz. Und das ist eine extrem tiefsinnige Art von Suche, die einen zwangsläufig zu einer religiös-spirituellen Auseinandersetzung mit sich selbst führt. Was ich eigentlich sagen will: Wenn man wie Bob

Dylan diese spirituelle Suche nach dem Sinn als Lebensaufgabe betrachtet, dann kann das zur Obsession werden, die einem vielleicht die Unschuld nimmt, die man noch hatte, als man ein bescheidenes, ahnungsloses, unbeschwertes Leben führte. Aber ich finde in dieser Auseinandersetzung sehr viel mehr Freude als in anderen Dingen.

> *»Man hat Dylan und mir interessiert beim Experimentieren zugeschaut, aber lieber die Songs anderer Künstler gekauft.«*

Ich insistiere hier so, weil ich glaube, dass es eine Menge Gemeinsamkeiten zwischen Ihnen und Bob Dylan gibt. Sie beide haben die Musikgeschichte gleich um mehrere Genres bereichert. Nicht viele Musiker haben einen solchen Gestaltungswillen. Eine andere Gemeinsamkeit ist, dass Sie beide sehr populär sind. Viele Leute würden Sie oder Bob Dylan auf der Straße erkennen. Das prägt, oder nicht?

Sehr, ja, und es gibt noch eine dritte Gemeinsamkeit: Wir haben beide nie viele Schallplatten verkauft. Unsere Songs sind weltweit extrem bekannt, aber kaum einer hat sie zu Hause auf Platte … Ich finde das zugleich seltsam und bemerkenswert. Vielleicht liegt es daran, dass wir beide unbedingt die Dinge, die Musik, verändern wollten, die Textur der Musik erkunden, herausfinden, wozu Musik fähig ist – und nicht in aller Ruhe Songs geschrieben haben, uns zurückgelehnt und an irgendwelche Trends rangehängt haben. Ich glaube sogar, dass es unsere Aufgabe ist, die Tiefen der

Musik auszuloten und die Gestalt der Musik zu verändern. Bob Dylan hat selbst einmal gesagt: »I was chosen to be a performer.« Das sagt doch alles. Wir haben das Vokabular der Musik verändert und erweitert. Und die Songs, die wir geschrieben haben, die kann man sprichwörtlich als Späne bezeichnen, die fallen, wenn man hobelt. Ich denke, dass die große Mehrheit der Leute da draußen das auch so sieht: Man hat uns interessiert beim Experimentieren zugeschaut, aber lieber die Songs anderer Künstler gekauft, die unsere Forschungsergebnisse verfeinert haben.

Würden Sie Ihre Songs und die Songs von Bob Dylan also als eine Art Gemeingut bezeichnen?

Ja, so sehe ich es. Und das macht mich unfassbar glücklich. Ich beklage mich ja nicht. Wenn ich zum Beispiel Bands oder Sänger sehe oder höre und merke, dass sie, ob bewusst oder unbewusst, Dinge adaptieren, die ich vor Urzeiten als Erster gemacht habe, empfinde ich nichts als grenzenlose Freude. Das ist das Größte überhaupt, dass man die Musik verändert hat. Allerdings hat mir dieses Glücksgefühl bisher in keiner Weise geholfen, die Fragen zu beantworten, die mich umtreiben. Manchmal denke ich, dass ich, was das betrifft, seit meinem neunzehnten Lebensjahr keinen Schritt vorangekommen bin …

Das ist doch gut, Mr. Bowie! Sonst wäre ja alles noch viel komplizierter.

Das fürchte ich auch, ja. Ich würde sogar sagen, dass ich, obwohl ich mich als getrieben bezeichnen würde, mit weitaus weniger Energie der Beantwortung meiner Fragen nachgehe. Mittlerweile kann ich ganz gut leben mit meinen unbeantworteten Fragen nach dem Sinn des Lebens. Sie immer wieder zu stellen ist gut – die Antworten zu finden, falls es sie überhaupt gibt, ist weniger gut. Das ist wahrscheinlich der Weg in den Wahnsinn. Ein Stück dieses Weges liegt bereits hinter mir, und ich weiß heute, dass ich nicht mehr so schnell rennen muss. Zu Ihrer Beruhigung: Die Vorstellung, dass alles bis zum Ende unklar bleiben wird, ist eigentlich sehr, sehr schön. So sehe ich es zumindest jetzt, mit fünfzig.

»Die Vorstellung, dass alles bis zum Ende unklar bleiben wird, ist eigentlich sehr, sehr schön.«

Die Musik hat sich verändert. Neben dem Song haben wir heutzutage nahezu gleichberechtigt die Struktur, den Track – wie man ihn eben in der Clubmusik findet. Die Melodie des Songs wird unwichtiger.

Na ja, ich weiß nicht, ob das auf meine Musik zutrifft. In meiner Arbeit gibt es ein hohes Maß an Mehrdeutigkeit. Wenn man meine Musik mit der Landschaftsmalerei vergleicht, könnte man sagen, dass ich mit meinem Festhalten an Melodien womöglich ins 19. Jahrhundert gehöre. Ich mag einfach gute Melodien, was auch immer man davon halten mag. Vielleicht bin ich die Figur einer Übergangszeit. Ich lasse mich heute noch von den Helden von früher inspirieren, vor allem von Neu! und von Magma, einer französischen Band aus den Siebzigern, die ähnlich wie die ganzen Bands aus Düsseldorf gearbeitet hat. Die Stimmung, dieser spezielle Zeitgeist, den sie erschaffen haben, der fasziniert mich noch heute! Das ist vergleichbar mit dem Einfluss von Velvet Underground in den Sechzigern. Ich rede von freiem Denken, der Suche nach neuen, freien Formen. Ich rede davon, dass diese Jungs das Chaos gesucht haben und es positiv für sich nutzen konnten. Die meisten Menschen betrachten es ja als etwas Bedrohliches. Ich finde es aber wunderbar, wenn ich beim Versuch, das Chaos zu strukturieren, neue Ausdrucksformen finde. Und irgendwann ist mir klar geworden, dass es genau diese Dinge sind, die das späte 20. Jahrhundert auszeichnen. So ist unsere Welt, so fühlt sich das an!

»Ich bin es, der zitiert, ich bin der Schwamm, der aufsaugt, ich bin der Hirte meiner selbst.«

Das war sozusagen die Prä-Postmoderne, damals in den Siebzigern. Die Künstler, die tonangebend waren, hatten begriffen, dass alles, was es jemals auf dieser Erde gegeben hat, und alles, was jemals passiert ist, dass all das gleichzeitig gleich wichtig ist. Das hat übrigens viele Menschen verrückt gemacht – dass sie nicht mehr wussten, welche Sache jetzt Priorität hatte und welche nicht. Alles war wichtig, und damit war mit einem Mal alles schwierig, oder aber einfach, je nachdem, aus welchem Blickwinkel man die Sache betrachtet. Die meisten Menschen finden das beängstigend. Und das ist auch der Grund, weswegen viele Produzenten sich auf einen Stil versteifen und andere Stile ablehnen, und weswegen viele Menschen ihr Dasein als freien Fall empfinden, ohne Gewissheiten. Aber ich bin der Meinung, dass dieser Zustand sehr befreiend ist, denn er bedeutet, dass wir eine Zukunft erschaffen können! Wir haben alle Zutaten, die es dafür braucht, vor uns liegen, griffbereit. Was uns aufhält, ist einzig und allein unsere Verunsicherung, die mit der Freiheit kommt, die uns Angst macht.

Haben Sie heute noch den Anspruch, selbst innovativ zu sein? Oder ist es eher so, dass Sie sich von Leuten angezogen fühlen, die innovativ sind, und Sie deren Sachen dann aufsaugen wie ein Schwamm?

Oh, eher Letzteres. Ich bin es, der zitiert, ich bin der Schwamm, der aufsaugt, ich bin der Hirte meiner selbst. Im Übrigen bin ich sehr vorsichtig mit dem Wort »innovativ«, weil ihm eine gewisse Arroganz anhaftet, vor allem, wenn man damit die eigene Arbeit beschreibt. Von mir selbst würde ich eher sagen, dass ich jemand sein möchte, der immer wieder neue Sachen ausprobiert, sowohl alleine als auch zusammen mit anderen. Letztlich versuche ich Sachen zu machen, die mich faszinieren. Dazu kommt, dass ich mich eigentlich immer inspiriert gefühlt habe von dem kulturellen Umfeld, in dem ich mich gerade bewegt habe. Das war in Berlin so, das war in Amerika so, und das ist in London so. Das ist für mich auch der Hauptgrund zu reisen: Eindrücke zu absorbieren, das Eigene im Anderen zu suchen und zu finden, Teil einer neuen Umgebung zu werden. Das hat manchmal fast schon obsessive Züge. Und natürlich findet alles Eingang in meine Musik. Das sind meine Schwammqualitäten, wenn man so will. Kurz: Was aus mir herauskommt, ist hoffentlich originär und integer. Aber ich gebe zu: Drum'n'Bass habe ich leider nicht erfunden.

Drum'n'Bass ist wie der Stoff meines Anzuges. Der Stoff hat eine Struktur, eine Textur, er fühlt sich anders an als der Stoff eines anderen Anzuges. Der Schnitt eines Anzuges gibt der Struktur einen Halt, definiert, ob der Stoff in ein neues Zeitalter hinübergerettet wird – oder in Vergessenheit gerät. In diesem Sinne bin ich der Schneider, der aus einem Fundus von Stoffen wählt, sich vorantastet, mit seinen Sinnen fühlt und dann schneidert.

Miles Davis hat einmal über Sie gesagt: »Bowie? Das ist doch der, der sich wie eine Frau anzieht.« Mit anderen Worten: Es gab eine Zeit vor Ihrer Band Tin Machine, auf deren Cover Sie im feinen anthrazitfarbenen Zwirn posieren.

Nun, ich liebe Anzüge, weil sie so bequem sind. Sie sind wie eine geschmeidige und äußerst effektive Rüstung – die Rüstung des modernen Mannes. William S. Burroughs hat mich auf den Anzug gebracht. Er hat mir gezeigt, dass man anders behandelt wird, wenn man einen Anzug trägt. Kann ich nur empfehlen. Es muss übrigens kein teurer Anzug sein – wir haben damals in Brooklyn secondhand gekauft. Entscheidend ist, dass er sitzt.

Zwischen meinem Kleidungsstil und meiner Musik gibt es keinen Unterschied. Wenn ich Musik mache, bin ich sehr konservativ. Wie gesagt: Ich liebe gute Melodien, und Melodien zu komponieren, ist nun mal Handwerk. Aber manchmal habe ich den Eindruck, dass selbst die Suche nach Neuem heute als konservativ gilt.

»IHR WOLLT SPACE? ICH GEBE EUCH SPACE!«

Im Gespräch mit Jürgen von Rutenberg, 1997

In einer Vorabinfo zu Ihrer neuen Platte *Earthling* verkünden Sie: »Wir stehen kurz vor der Entdeckung außerirdischen Lebens.« Wissen Sie etwas, was wir nicht wissen?

Nein! Ich glaube das einfach nur. Andererseits: Wenn sie tatsächlich Wasser auf der dunklen Seite des Mondes gefunden haben, dann gibt es definitiv Leben irgendwo da draußen. Das ist doch – wow! Wasser? Das wär's dann ja wohl! Offenbar haben sie in den letzten drei, vier Jahren irgendeinen neuen Gimmick entwickelt, denn plötzlich finden sie überall Wasser. Und Wasser ist Leben.

Im Internet kursiert ein längeres Traktat aus einem Magazin namens *Paranoia*, das endgültig beweisen will: David Bowie steht in direktem Kontakt mit Außerirdischen.

Den Text habe ich sogar gelesen! Da geht's um meinen Song ›The Jean Genie‹ und um Module und dieses ganze Zeug – es ist verrückt. Aber irgendwie finde ich solche Sachen auch toll: eine weitere Irritation unserer Kultur, und das kann ich nur begrüßen. Mir ist alles recht, was ordentlich Chaos stiftet.

Ihre Songs docken auffällig oft an Weltraumereignisse an:

Ihre erste Hitsingle, ›Space Oddity‹, wurde 1969 eine Art Soundtrack zur ersten Mondlandung, neulich lief ›Life On Mars?‹ auf der ganzen Welt rund um die Uhr im Radio, als bekannt wurde, dass auf einem Meteoriten vom Mars Mikrobenspuren zu erkennen waren. Verfolgen Sie eigentlich systematisch, was die NASA gerade so treibt?

Eigentlich nicht.

Und umgekehrt?

Nicht, dass ich wüsste!

Ihre neue Platte ist eine Rückkehr zu Ihrem klassischen Thema: den Mysterien des Weltraums.

Damit habe ich mich diesmal einigermaßen überschlagen. Es ist ein bisschen kokett. Dieses ganze Space-Thema wird einfach so stark mit mir in Verbindung gebracht, also habe ich mir gesagt: Ihr wollt Space? Ich gebe euch Space!

Gleichzeitig identifizieren Sie sich damit endgültig als »Earthling«?

Absolut.

Ein Durchbruch in Ihrer fortschreitenden Selbsterkenntnis?

Das kann gut sein. Dass mir dieser Titel auf Anhieb so zusagte, hat bestimmt auch damit zu tun.

Earthling **wird von ziemlich heftigen Jungle-Beats dominiert. Was fasziniert Sie so an dieser Musik?**

Dass meine Freunde nicht dazu tanzen können, bevor sie diese Musik kapiert haben! Sie hören zuerst nur diese rasend schnellen Beats und versuchen mitzuhalten. Damit machen sie sich natürlich lächerlich. Wenn du hip bist, weißt du, dass du dich an die langsame Bass Drum halten musst. Diese Musik eignet sich also bestens dafür, mal wieder klarzustellen: »Ätsch, ich bin cooler als du!«

»Ich bin in gar keine Musikform hineingeboren worden und habe deshalb auch keinerlei Stilloyalitäten.«

Umgekehrt könnten Hipster Ihnen vorwerfen, dass Sie reichlich spät auf den dahinrasenden Jungle-Zug aufspringen.

Vielleicht. Aber auch damals, als ich beschloss, Rhythm-&-Blues-Musiker zu werden, war ich keineswegs als kleiner, schwarzer Junge in New York zur Welt gekommen. Ich bin in gar keine Musikform hineingeboren worden und habe deshalb auch keinerlei Stilloyalitäten.

Sie greifen einfach beherzt zu, sobald Ihnen eine Musikform gefällt.

Ich bin vor allem ein Zusammenfüger: Ich sauge die Begeisterungen auf, die ich als Beobachter und Teil unserer Kultur wahrnehme. Ich freue mich einfach irrsinnig, wenn ich etwas finde, das eindeutig sagt: Das hier ist die Gegenwart.

Und unsere Gegenwart klingt wie Jungle?

Jungle ist ein neues Vokabular. Er hat diese solide, spirituelle Basis: den Basslauf und die Bass Drum. Sie repräsentieren das Gemeinsame, das Verbindende. Darüber liegen diese hektischen Snare-Salven. Die spiegeln wider, wie heutzutage Informationen auf uns einprasseln – blitzartig, wie diese Beats. Sie sind eine Metapher für unsere ganze Art zu denken. Und die beiden Ebenen zusammen ergeben einen perfekten Spiegel unserer Kultur. Sobald jemand das versteht, gibt es für ihn schlagartig keine andere Musik mehr. Plötzlich klingt alles andere völlig unangemessen.

»Es gibt keinen Maler, der das kann, was Jungle kann.«

Außenstehenden erscheint technoide Tanzmusik oft als geistloses Gehämmere. Für Sie scheint sie eher eine Art Offenbarung zu sein.

Dance ist die größte Kunstform des späten 20. Jahrhunderts. Die schwarze Tanzmusik hat doch das ganze Neunzehnte-Jahrhundert-Konzept der weißen Komponisten unter sich begraben! (*Lacht sich kaputt.*) Denn dieses alte Konzept hat nichts mehr damit zu tun, wie wir leben. Dance drückt das alles viel besser aus. Als in den Fünfzigern der Rock 'n' Roll aufkam, hat sich unser Vokabular ein für alle Mal geändert. Und seitdem weiß ich: Jedes Mal, wenn sich auf den Tanzflächen der Clubs etwas ändert, hat es eine lebenswichtige Bedeutung, es ist nicht nur ein Trend. Dance ist politisch, soziologisch relevant, es zeigt, woraus wir bestehen, es drückt die Veränderungen aus, die wir erleben. Keine andere Kunstform hat ähnliche Möglichkeiten, das Chaos und die Fragmentierung zu beschreiben, die wir zurzeit erleben. Es gibt keinen Maler, der das kann, was Jungle kann.

Woran haben Sie gemerkt, dass Musik für Sie lebenswichtig ist?

Als ich noch ein Kind war, mit acht oder neun, habe ich zum ersten Mal Rhythm & Blues gehört, vor allem Little Richard und Fats Domino. Das war für mich so aufregend, dass ich unbedingt ein Teil davon werden wollte, koste es, was es wolle. Später, als ich zum ersten Mal nach Amerika kam, schlug dann Soul bei mir ein, vor allem der sogenannte Philly Sound: Barry White und Harold Melvin & The Blue Notes. Also auch wieder eine Art Tanzmusik so wie später, als ich die deutschen Techno-Sachen für mich entdeckte.

Sie sind jetzt fünfzig Jahre alt und könnten sich, wie andere Popstars Ihres Alters, auf Ihren alten Hits ausruhen oder gepflegten Jazz-Pop machen. Stattdessen stürzen Sie sich auf brachiale Beats und haben längst Ihre größten Klassiker aus Ihrem Live-Repertoire verbannt.

Ich wollte einfach nicht den Rest meiner Tage als Greatest-Hits-Jukebox durchs Land ziehen.

So ziemlich jeder Artikel, der je über Sie geschrieben wurde, beschäftigt sich mit der Künstlichkeit Ihrer Person, mit dem Phänomen Ihrer radikal wechselnden Identitäten. Hat Ihre Weigerung, weiter dieselben Hits zu spielen, auch damit zu tun, dass Sie sich immer noch

nicht auf eine bestimmte Identität festlegen lassen wollen? Der Typ zu sein, der diese zwanzig Klassiker geschrieben hat?

Absolut! Als ich aufhörte, diese zwanzig oder dreißig Songs zu spielen, passierte etwas Interessantes: Ich fing an, darüber nachzudenken, was diese Hits eigentlich bedeuteten, ›Ashes To Ashes‹ und ›Heroes‹ und ›Sound And Vision‹, und warum die Leute sie so mochten. Und ich guckte mir andere Lieder von mir an, die ich all die Jahre vielleicht lieber gespielt hätte. Ich habe mir überlegt, was an diesen relativ obskuren Liedern so viel näher an mir dran war, und ich fing an, verschiedene Fäden in meinen Texten zu finden, auch wenn ich mich scheinbar ständig verändert habe und die Stilisierungen ständig wechselten. Neuerdings sehe ich in diesen Veränderungen eine starke Kontinuität. Vielleicht habe ich tatsächlich die ganze Zeit dasselbe gesagt, seit meinen Anfängen bis heute.

»Ich wollte nicht den Rest meiner Tage als Greatest-Hits-Jukebox durchs Land ziehen.«

Und zwar? Was verbindet Ihr Alter Ego, die Kunstfigur Ziggy Stardust, mit David Bowie 1997?

Es ging immer um eine Art spiritueller Suche. Es geht darum, die Organisation dieser Suche nicht als vorgegeben zu akzeptieren. Formale Religion ist nicht genug, es muss einen anderen Weg geben, eine neue Interpretation von Gott. Das ist noch sehr vage, aber irgendwo da drin steckt das, worüber ich meine Songs schreibe. Für mich ist es schon ein bisschen beängstigend, im Nachhinein festzustellen, dass ich die ganze Zeit diese Besessenheit hatte. Die hat auch kein bisschen nachgelassen in den letzten dreißig Jahren. Das ist mein persönliches ... na ja, Kreuz, das ich zu tragen habe, will ich in diesem Zusammenhang lieber nicht sagen. Es ist meine große Lebensfrage.

Für Sie ist also auch der Weltraum nur eine Metapher für Ihr Verhältnis zum Unbekannten und Unendlichen?

Genau! Diese ganze Symbolik, die ich benutzt habe, die Science-Fiction-Hardware und all dieses Zeug – das sind nur Metaphern für die üblichen Fragen: Was ist unsere Verbindung mit dem Kosmos? Warum wurden wir geboren? Was sollen wir tun, während wir hier sind? Und wo gehen wir hin, wenn wir sterben? Sehr elementare Fragen, die klassischen Fragen eines Schriftstellers eigentlich! Nicht anders als bei Graham Greene oder Rick Moody oder den ganzen neuen Cyberpunk-Schreibern. Viele meiner Songs haben außerdem etwas Märchenhaftes an sich, in das die Leute ihre eigenen Ängste hineinlegen können. So wie die Geschichten in der Bibel oder die griechischen Tragödien auch immer unsere Ängste und Nöte ausdrücken. Meine Songs machen im Grunde dasselbe, nur etwas kleiner.

Damit stehen Sie ja nun wahrhaftig in einer altehrwürdigen Tradition. Dabei geben Sie sich doch sonst betont bescheiden, was Ihre eigenen Talente als Songschreiber angeht.

Das stimmt, und es ist bestimmt keine falsche Bescheidenheit. Ich weiß zwar, dass ich gut darin bin, Dinge zusammenzubauen. Ich bin nicht völlig davon überzeugt, dass ich ein großartiger Songschreiber bin. Ich weiß, dass ich gut eine Atmosphäre herstellen kann, und manchmal entsteht daraus eine akustische Landschaft oder etwas Mythisches. Ich kann aber zum Beispiel keinen Protestsong schreiben. Ich habe es versucht, und es waren grässliche Reinfälle. Sobald ich didaktisch werde, falle ich sofort auf den Hintern. Darin bin ich so furchtbar schlecht.

Auf der neuen Platte findet sich ein Song über Tibet – ist das etwa kein Protestsong?

Man beachte, dass dieses Lied sehr impressionistisch gehalten ist. Wenn ich gesagt hätte: »Die Chinesen sind in Tibet einmarschiert, und sie bringen alle um, und das ist nicht in Ordnung« – wenn ich so was versuche, kommt immer nur Scheiße dabei heraus. Das Predigen ist nichts für mich, das ist eher was für Bobby Dylan.

Sie sammeln expressionistische Kunst und Werke junger wilder Engländer. Wenden Sie auf Popmusik und Kunst dieselben Kriterien an?

Ich glaube, ja. Meine Vorlieben in der Musik repräsentieren fast immer das, was ich nicht bin. Leute wie Iggy Pop, Lou Reed, Sonic Youth. Mit denen habe ich nichts gemeinsam, ich bin von Natur aus viel zurückhaltender. Aber ich betrachte sie als die aggressive Seite meines Wesens, die ich selber noch gar nicht richtig kenne. Zu solcher Musik werde ich immer hingezogen: hyperenergische, dynamische, dionysische Musik. Diese Eigenschaften finden sich auch in der Kunst, die ich mag: Outsider Art und Art brut. Die Expressionisten hatten auch diesen ungestümen Drang. Diese Heftigkeit gefällt mir. Auch die Neoexpressionisten fand ich sehr aufregend: Penck, Kiefer, Middendorf. Das war fantastisch! Und ich war lange Zeit völlig hingerissen von Dada – Marcel Duchamp und Man Ray und Arp und Schwitters –, besonders von Schwitters, wegen seiner Fähigkeit, in seinen Collagen gewöhnliche Dinge in unglaubliche Ikonen zu verwandeln. Es gibt also ein Gefühl, das ich sowohl in der Kunst als auch in der Musik suche und finde. Ein Gefühl wie in Strawinskys *Le sacre du printemps* – ich bin selber nicht so, aber ich verstehe diese Brutalität, die Blutopfer, das Beschwichtigen der Götter. In mir steckt offenbar ein wilder Kelte, ich sollte mit flatternden Gewändern auf einem Pferd um Glastonbury und Stonehenge herumpreschen!

»In mir steckt offenbar ein wilder Kelte, ich sollte mit flatternden Gewändern auf einem Pferd um Glastonbury und Stonehenge herumpreschen!«

Sie assoziieren ständig Bilder mit Musik und Musik mit Bildern?

Ich habe kein Problem damit, alles miteinander zu verbinden. Frustrierend ist nur, dass ich immer annehme, dass alle anderen das auch tun. Das, was die Leute an mir immer so »prätentiös« finden – das ist mein Lebenselixier! Ich kann ohne diese Spiegel meiner Existenz nicht leben.

Aus den traditionellen Abgrenzungen zwischen Hoch- und Subkultur machen Sie sich nicht sehr viel?

Nichts. Vielleicht liegt es daran, dass ich durch Bücher Zugang zur Welt gefunden habe. Als ich jung war, habe ich ununterbrochen gelesen. Ich habe mir die Welt geschaffen, in der ich leben wollte. Bücher waren für mich immer eine Straße zu neuen Erfahrungen. Manches davon habe ich später in die Tat umgesetzt, nachdem ein Buch mir gesagt hatte: Du musst nach San Francisco gehen, oder du musst in Berlin leben oder in Kyoto. Nie entsprachen meine Erfahrungen dem, was ich mir beim Lesen vorgestellt hatte, aber diese Bücher haben mir den Impuls gegeben, meine eigenen Erfahrungen zu machen. Mir würde es also gar nicht einfallen, dass es prätentiös sein könnte, James Joyce oder William S. Burroughs für meinen Schreibstil zu adaptieren. Viele sagen, ach, das ist so arty. Aber das sind eben nicht irgendwelche elitären Bücher – sie sind die Bezugspunkte für unsere ganze verdammte Art zu leben. Und wer sie nicht lesen will, ist eben ein beschissener Ignorant! Der hat eben Pech gehabt – er wird ein paar aufwühlende Erfahrungen verpassen!

»Bücher haben mir den Impuls gegeben, meine eigenen Erfahrungen zu machen.«

Ist es Ihre Gier nach Kunst, die Sie davon abhält, noch mal so einen Millionenhit wie ›Let's Dance‹ auszuhecken?

Exakt! Denn ich habe schon immer geahnt, dass das Leben des super erfolgreichen Rockstars nichts ist, woran ich auch nur im Geringsten interessiert wäre. Ich kann ein Auto nicht vom anderen unterscheiden. Solche Dinge bedeuten mir rein gar nichts. Und darum scheint es ja immer zu gehen. Die Hauptmerkmale des Rockstars sind: umwerfend schöne Frauen zu haben und ein fabelhaftes Auto. Na ja, ich hatte immer umwerfend schöne Frauen. Aber dieses Autoding und diese ganzen Sachen haben mich nie gereizt. Meine Maßstäbe sind einfach andere.

ÜBER MALEREI

Im Gespräch mit Michael Kimmelman, 1998

Sie haben sich schon in der Schule intensiv mit Kunst beschäftigt und sehr früh angefangen, Kunst zu sammeln.

Ja, ich habe schon früh gesammelt. Ich habe ein paar Tintorettos, die ich seit vielen Jahren besitze. Ich habe einen Rubens. Kunst war, ganz im Ernst, das Einzige, was ich je besitzen wollte. Für mich war sie immer eine verlässliche Nahrung. Sie kann beeinflussen, wie ich mich morgens fühle. Das gleiche Kunstwerk kann mich dabei auf ganz unterschiedliche Weise verändern, je nachdem, was ich gerade durchmache. Zum Beispiel mag ich Frank Auerbach sehr. Morgens kann es manchmal vorkommen, dass, wenn wir uns auf eine bestimmte Art begegnen, ich und das Porträt von Auerbach, sein Werk die Depression, die ich gerade durchlebe, verstärkt. Es gibt meinen Ängsten spirituelles Gewicht. An so einem Morgen sehe ich es an und denke: O Gott, ja! Ich verstehe das! Aber dasselbe Gemälde kann an einem anderen Tag ein unglaublich starkes Gefühl der Freude darüber hervorrufen, dass ich mich als Künstler auszudrücken versuche. Dann schaue ich es an und denke: Mein Gott, ja! Ich will so klingen, wie das aussieht.

Ich hätte Sie nicht mit einem Maler wie Auerbach in Verbindung gebracht.

Mir gefällt diese Malerei, bei der das Bild eine Art Flachrelief ist. Manchmal bin ich mir gar nicht ganz sicher, ob ich es mit einer Skulptur oder einem Gemälde zu tun habe. Außerdem war ich schon immer ein Riesenfan von David Bomberg. Ich mag diese Schule. Sie hat etwas provinziell Englisches, das stört mich aber nicht. Ich mag Leon Kossoff aus dem gleichen Grund.

Und Lucian Freud?

Ich bewundere das Trickreiche seiner Arbeit, die entzündete Haut, schön schmutzig. Aber ich halte ihn nicht für unseren größten Maler.

»Mein Geschmack ist ziemlich katholisch.«

Und Francis Bacon?

Nein. Zwei oder drei Arbeiten finde ich wirklich außergewöhnlich. Ich mag die *Drei Studien zu Figuren am Fuße einer Kreuzigung*, das Werk, das ihn schlagartig berühmt gemacht hat, und natürlich die Papst-Serie, da ist er wirklich auf was Besonderes gestoßen. Aber er hat rasch nachgelassen. Sein Ende kam schnell und schmerzlos.

Ansonsten ist mein Geschmack ziemlich katholisch. Das meine ich, wenn ich sage, dass ich Kunst benutze. Ab und zu schätze ich die geistige Begegnung mit einem Künstler, und genieße dann zum Beispiel den Witz und Verstand von Picabia oder Duchamp. Es erheitert mich, dass sie ihre Art, Kunst zu machen, offensichtlich für den richtigen Weg hielten. Manchmal wünschte ich, ich könnte mich in Duchamp hineinversetzen, um empfinden zu können, was er vor einer Ausstellung seiner Sachen gedacht hat. Vielleicht: Mal sehen, ob sie mir das abnehmen. Mal sehen, was morgen früh passiert.

Es gibt auch eine andere Seite von mir, die glaubt, dass er es so gemacht hat, weil er schlicht nicht malen konnte. Vielleicht hat er aus Hass auf eine Kunstszene, in der er keinen Erfolg haben konnte, einfach eine neue Art von Kunst entwickelt – was eine sehr menschliche Reaktion wäre, und es würde ihn in meinen Augen überhaupt nicht abwerten, wenn er einfach gesagt hätte: »Ich stelle jetzt ein Pissoir aus. Mal sehen, wie weit ich es treiben kann.«

Als Haltung würde ich das völlig verstehen, weil es für einen Künstler das Interessanteste ist, sich durch die Trümmer einer Kultur zu wühlen, sich genauer anzusehen, was vergessen oder nicht richtig ernst genommen wurde. Sobald etwas kategorisiert werden kann und Anerkennung findet, wird es Teil der Tyrannei des Mainstreams und verliert seine Kraft. So habe ich es immer erlebt: Nichts engt einen mehr ein, als wenn man in eine Schublade gesteckt wird.

Ich muss mal überlegen, ob es irgendjemanden gibt, der sein Handwerk so perfektioniert hat, dass man wirklich richtig froh darüber ist, dass er sein Leben lang bei einer Sache geblieben ist. Natürlich gibt es ihn – wie dumm von mir! Bob Dylan. Er hat seinen Kurs kaum je geändert, und mittlerweile hat seine Musik eine solche Resonanz, dass ich beim Hören seines neuen Albums dachte, ich sollte einfach aufhören.

Sie haben Duchamp und Picabia erwähnt. Wie stehen Sie zu der Gruppe gegenwärtiger Londoner Künstler, die Ihnen viel zu verdanken hat? Ich denke an die Chapmans, Hirst.

Ich bin kein großer Fan der Chapmans. Es ist dieses Kichernde-kleine-Schuljungen-Ding, und ich weigere mich, das ernst zu nehmen. Sie haben einen gewissen Ruhm erlangt mit einer Masche, scheint mir. Wie Jerry Springer mit seiner Masche berühmt geworden ist.

Damien Hirst bewundern Sie aber.

Er ist anders. Ich finde seine Kunst extrem emotional, subjektiv, stark verbunden mit seinen persönlichen Ängsten – er hat große Angst vor dem Tod –, und seine Werke berührend, überhaupt nicht flapsig.

Ich finde ihn gelegentlich lustig, seine Retro-»Spin«-Bilder zum Beispiel.

Von denen habe ich eines mit ihm zusammen gemacht. Er wollte, dass ich mich als Marsmensch verkleide, auf eine Leiter stelle und Farbe auf eine sich drehende Leinwand werfe. Für mich war das ein Riesenspaß, als wäre ich wieder drei Jahre alt. Es erinnert an Picassos Haltung. Er hat im Atelier die Bedingungen für eine Art von Verspieltheit hergestellt, aus der etwas sehr Reines entstehen konnte. Damien strebt nicht um jeden Preis nach der Produktion von Werken. Er setzt ganz sicher seinen Verstand ein, aber ohne jede Verbissenheit.

Er gehört auch zu den Leuten, die dazu beigetragen haben, die Kunst in Großbritannien auf eine Weise der Öffentlichkeit zugänglich zu machen, wie es das vorher nicht gab, nicht einmal auf dem Höhepunkt der sechziger Jahre. Man musste damals schon einen gewissen Aufwand betreiben, um Arbeiten von Allen Jones oder Hockney oder wem auch immer zu sehen. Heute ist es fast nirgends in Großbritannien mehr ein Problem, mal kurz am Wochenende rauszugehen und sich gute Kunst anzuschauen. Mir fällt auch auf, dass die Leute, die heute in Museen und Galerien gehen, deutlich jünger sind als früher.

Mir scheint das eine Generation zu sein, die Bild und Ton gar nicht mehr als getrennt wahrnimmt. Vor fünfundzwanzig Jahren haben ja ziemlich viele von uns versucht, die verschiedenen Künste zusammenzubringen und eine Art Potpourri herzustellen, als eine Art Erneuerungsversuch der englischen Musik. Das hatte sogar schon vor uns begonnen, Mitte der Sechziger, als viele unserer Bluesmusiker und Rhythm-&-Blues-Bands aus den Kunsthochschulen kamen. In England erzählte man sich damals den Witz, dass man Kunst studiert, um Bluesgitarre zu lernen.

»In England erzählte man sich damals den Witz, dass man Kunst studiert, um Bluesgitarre zu lernen.«

Sie haben Saxophon gespielt.

Ich wollte Gerry Mulligan sein, aber ich hatte überhaupt keine Technik (*lacht*). Was Anfang der siebziger Jahre Leute wie ich und vielleicht Bryan Ferry und Brian Eno, vielleicht vor uns auch Pink Floyd, King Crimson, diese Art von Bands, aufregend fanden, war, die Leute wissen zu lassen, was alles in unsere Arbeit einfloss und dass unser Ziel nicht war, Chuck Berry zu sein. Ich weiß, dass Ferry zum Beispiel ein großer Dada-Fan war. Er hat sogar ein Album mit dem Titel *The Bride Stripped Bare* gemacht. Und Eno und ich darauf: »Das kann er nicht machen«, während wir eigentlich dachten, wir hätten vor ihm darauf kommen sollen (*lacht*). Wir begeisterten uns für Bühnenbilder, für die Art, wie wir uns kleideten, dafür, eine ganze Landschaft für die Musik zu erschaffen, die wir machten.

Die Beatles hatten das bis zu einem gewissen Grad auch schon getan, wegen John. Ich fand es immer ein großes Vergnügen, mit John zu reden und mit ihm Zeit zu verbringen, weil es schlicht nichts gab, das ihn nicht interessierte. Er hatte diesen echten Hunger. »Was ist das? Das find ich toll! Es ist groß und rot, und ich will es!« Viele von uns wollten so sein. Wir unterhielten uns über die Bücher, die wir gerade lasen, die Beat-Literatur und Ähnliches. Wir unterhielten uns über das Kabuki-Theater. Über Malerei. Mich interessierten die Expressionisten. Und es floss eine Menge Dada ein in die Sachen, die wir machten. Vor allem die Collagen haben mich beeindruckt …

»John Lennon hatte diesen echten Hunger.
›Was ist das? Das find ich toll!
Es ist groß und rot, und ich will es!‹«

Hannah Höch?

Ja, aber auch von … wie war noch sein Name …?

Schwitters? Heartfield?

Heartfield! Von dem ich glaube, dass er einige der englischen Punkbands der Siebziger beeinflusst hat: wie sie ihre Poster gestalteten, mit ausgeschnittenen Buchstaben und zerschnittenen Sätzen. Das Zerstören der Kleidung.

Es wurde schon darauf hingewiesen, dass die Situationisten der sechziger Jahre den Punk beeinflusst haben. Sie meinen, Heartfields Montagetechnik aus den Dreißigern hat den Punk auch beeinflusst? Sachen zerreißen, zerschneiden, neu zusammensetzen? Oder meinen Sie seine Ironie?

Ich glaube, in den Siebzigern gab es ein allgemeines Gefühl des Chaos, das Gefühl, dass die Idealisierung der Sechziger falsch war. In den Siebzigern schien nichts mehr ideal zu sein. Alles befand sich in einem Zwischenzustand. Wir dachten: Sind wir hier in eine Strömung geraten, aus der wir nie wieder rauskommen? Brian reagierte in seiner Arbeit mit einer Art Schmerzlichkeit. In meiner Arbeit äußerte es sich nur als reines Grauen: Es ist alles vorbei! Holt die Kostüme raus! Zieht eure schönsten Sachen an, es ist alles zu Ende!

Sie haben den deutschen Expressionismus erwähnt. Denken Sie dabei an Künstler wie George Grosz?

Nein. Ich mochte vor allem Murnau und Fritz Lang. Grosz war mir zu direkt. Ich brauche immer einen gewissen Grad an Abstraktion. Kunst sollte meinem Empfinden nach offen genug sein, um die Entwicklung eines eigenen Dialogs mit ihr zuzulassen.

Wie sehen Sie dann die politische Kunst der frühen Neunziger? Die war ja ziemlich direkt.

Die hat mich völlig kaltgelassen. Ich habe mich gefragt, in welcher Lage sich die Leute befanden, dass sie sich gezwungen sahen, den Zeigefinger zu heben. Zum Glück hat sich das ziemlich schnell von selbst erledigt. Jetzt gibt es Matthew Barney, der sich dem Mythologischen zuwendet, was irgendwie in der Luft zu liegen scheint: die ganze Paganisierung unserer Kultur. Bei Barney und einer Reihe anderer Künstler glaube ich, dass ihre Arbeiten vor einigen Jahren noch in den Bereich der Outsider Art gefallen wären. Aber die Kunstwelt erweitert ständig ihre Kriterien, um vormals niedere Kunst zu hoher Kunst aufwerten zu können.

»Es ist alles vorbei! Holt die Kostüme raus! Zieht eure schönsten Sachen an, es ist alles zu Ende!«

Das ist ein offenkundiger Unterschied zwischen der Welt der Kunst und der Welt der Rockmusik.

Der Unterschied ist, dass die eine Hirn hat (*lacht*). Spiñal Tap lagen gar nicht so falsch, es gibt in der Rockmusik ein ungeheures Streben nach Ruhm, das so manchem Talent schon das Genick gebrochen hat.

Aber in dieser Hinsicht ist die Kunstszene nicht viel anders, oder?

Ja, das ist wahr. Man kann das Gleiche wahrscheinlich auch über einige bildende Künstler sagen. Aber Erfolg in der Kunstszene scheint mir doch wesentlich mehr davon abzuhängen, dass man ein paar Leute kennt und umschmeichelt. Wenn ein bildender Künstler in der Lage ist, wortgewandt über sein Werk zu sprechen, kann er den Sammlern erklären, was sie über das, was sie da kaufen, denken sollen. Einem Rockmusiker werden die Leute aber kaum zuhören, wenn er ihnen erklärt, warum sie fünfzehn Dollar für sein Album ausgeben sollen. Man kann in der Rockmusik nicht so leicht mit Tricks durchkommen, ohne dass jemand sagt: »Du willst mich wohl verarschen.« Und wir reden ja nicht von zwanzig Leuten, sondern von Hunderttausenden, wenn man Glück hat, und so bildet sich ein Konsens über die Musik. Als Rockmusiker lebt man mit seinem Publikum, egal, was die Kritiker sagen. Glauben Sie mir, ich musste es auch oft. Die Höhen und Tiefen können dabei ziemlich erschreckend sein (*lacht*).

Sie befinden sich in der eigentümlichen Lage, jetzt eine zweite Karriere als Maler begonnen zu haben.

War es ein großer Fehler?

Das fragen Sie mich? Ich frage *Sie*.

Das war eigentlich nur eine rhetorische Frage. Ich bin ungefähr 1994 mit meinen künstlerischen Arbeiten an die Öffentlichkeit gegangen. Ich bin mir nicht sicher, warum ich diese Entscheidung getroffen habe, und ich bin mir bis heute nicht sicher, ob es richtig war, aber es gibt kein Zurück. Bis dahin war das Malen für mich etwas Privates, und es ging mir dabei vor allem um Problemlösungen. Ich habe festgestellt, dass ich, wenn ich in der Musik, an der ich gerade arbeitete, auf ein kreatives Hindernis stieß, häufig auf das Zeichnen oder Malen zurückgriff, um das Hindernis zu beseitigen. Irgendwie brachte der Versuch, die Struktur der Musik mit Farben oder Zeichnungen nachzubilden, immer wieder den Durchbruch.

Wie das?

Mir fällt es schwer, das in Worte zu fassen. Ich bin mir nicht ganz sicher, wie dieser Prozess abläuft. Es geht um eine Art Aha-Erlebnis. Ich instrumentiere zum Beispiel ein Stück auf eine gewagte Weise oder verbinde ungewöhnliche Klänge miteinander und bin mir unsicher, wie ich den Text mit der Musik zusammenbringen soll oder was der Klang für Stimmungen heraufbeschwört. Dann versuche ich, den Klang der Musik zu zeichnen oder zu malen. Häufig entsteht dann von selbst eine Landschaft, in der ich Orte bestimmen kann. Plötzlich wird mir klar, wohin die Sachen in der Musik gehören.

»Irgendwie brachte der Versuch, die Struktur der Musik mit Farben oder Zeichnungen nachzubilden, immer wieder den Durchbruch.«

Landschaften meinen Sie ganz wörtlich?

Na ja, es ist gegenständliche Kunst. Ich nenne es Landschaften, vielleicht ist »Orte« das bessere Wort.

Ich bin mir noch immer nicht sicher, ob ich das verstehe.

Das ist das Problem, wenn man über Kunst spricht, oder?

Vielleicht fällt es Ihnen leichter zu erklären, warum Sie angefangen haben, auszustellen.

Eitelkeit (*lacht*). Nein, im Ernst, Eno hatte mich gebeten, etwas zu einer Wohltätigkeitsveranstaltung beizusteuern. Also habe ich ein paar Drucke für ihn gemacht. Und ich habe das ganze Drumherum sehr genossen. Ich habe es genossen, in der Galerie zu stehen, ein bisschen im Hintergrund, und den Leuten dabei zuzusehen, wie sie sich die Sachen angucken, wie sie zu beschreiben versuchen, was sie da sehen. Mir hat das Spaß gemacht. Dann wurde ich gebeten, eine weitere Ausstellung zu machen, wegen dieser ersten. Es spielte noch ein anderer Grund eine Rolle. Das wird jetzt alles ein bisschen kompliziert, aber ich war in den Achtzigern mit mir selbst als Musiker oft unzufrieden, vor allem Ende der Achtziger. Ich hatte eine Midlife-Crisis. Die kam wie auf Kommando: Genau als ich vierzig wurde, ging alles schief. 1987 wollte mir musikalisch nichts mehr gelingen, ich hatte völlig den Durchblick verloren. Mir ging es schlecht. Als Künstler ging es mir schrecklich. Und wahrscheinlich fing ich dann mit den visuellen Sachen an, aus Verzweiflung, um irgendeine Erlösung als Künstler zu finden. In den frühen neunziger Jahren fand ich langsam wieder den Weg zurück zur Musik. Zurzeit empfinde ich das, was ich musikalisch mache, als erfüllend, hoffentlich ohne dass es mich zu selbstzufrieden macht.

Auf der anderen Seite muss ich daran denken, wie die Leute auf meine bildende Kunst reagieren, was zu einer Trennung zwischen dem Visuellen und dem Musikalischen geführt hat. Ich weiß nicht, ob das gut ist. Aber ich habe den Schritt sehenden Auges getan. Ich habe mit Spott gerechnet und den gab es dann ja auch (*lacht*).

DER SCHLÜSSEL ZUR LIEBE

Im Gespräch mit Iman Abdulmajid, 2000

Was verbinden Sie mit dem Wort »Feminismus«?

Eigentlich nicht mehr viel, leider. Ich hatte schon immer große Probleme mit »Bewegungen«, im Grunde mit allem, was man in Anführungszeichen setzen kann. Egal, welches Manifest gerade gilt, das subjektive Verstehen und Erleben wird wirkmächtiger sein. Grundsätzlich finde ich es zutiefst abstoßend, wenn Frauen als Objekte oder Anhängsel behandelt werden. Ich kann mir keine Situation vorstellen, in der eine Frau nicht ebenso gute Arbeit leisten würde wie ein Mann, wenn nicht gar bessere. Vielleicht wäre die einzige Ausnahme eine Situation, in der nur rohe Kraft gefragt ist, aber auch hier wäre eine Frau klug genug, die richtige Person für die Aufgabe zu finden. In diesem einen Fall vermutlich einen Mann.

Verstehen Sie sich als Feminist?

Nein. Ich beharre trotzig darauf, ein Nichts-*ist* zu sein. Alle Isten und Ismen lehne ich ab. Das ist vermutlich eine britische Eigenart. Wir Briten haben ein sehr gespaltenes Verhältnis zu sozialen Bewegungen jeder Art. Aber wie alle Ambivalenzen hat das zu einer Art Schizophrenie geführt. Es gibt diese großzügige Akzeptanz von Exzentrizität bei uns und dann wieder dieses überwältigende Bedürfnis, sich nicht von den anderen abzuheben. Die grundlegende Auffassung, dass der oder die Einzelne über seine oder ihre eigene Freiheit verfügt, verbunden mit der völligen Unfähigkeit, eine anständige Revolution anzuzetteln, selbst mit Tom Paine am Ruder.

»Alle Isten und Ismen lehne ich ab. Vermutlich eine britische Eigenart.«

In ›Boys Keep Swinging‹ haben Sie darüber gesungen, wie großartig es ist, jung und männlich zu sein. Glauben Sie, jung und weiblich zu sein, ist ähnlich großartig?

Das mit der Großartigkeit war Ironie. In meinen Augen liegt nichts auch nur im entferntesten Großartiges darin, entweder männlich oder weiblich zu sein. Ich habe nur mit der Vorstellung von der Kolonisation eines Geschlechts gespielt.

Ist es besser, das eine oder das andere Geschlecht zu haben?

Das ist für mich eine absurde Frage.

Was denken Sie über Machismo?

Wenn Sie jetzt an Sylvester Stallone denken: nicht viel. Völlig albern. Falls es um Trevor Howard geht: völlig einverstanden.

Empfinden Sie sich selbst in irgendeiner Hinsicht als Macho?

Ich könnte im Dschungel überleben und müsste mich doch einmal am Tag rasieren. Reicht das? Ich glaube, wenn man sich selbst als Macho empfindet, ist das bereits ein Zeichen von mangelndem Selbstbewusstsein.

Haben Sie enge männliche Freunde?

Eigentlich nicht sehr viele. Etwa ein halbes Dutzend, die ich als eng im üblichen Sinn empfinde, also, dass ich mich an sie wenden würde, wenn ich in Not bin, oder dass sie sich an mich wenden würden. Diese Männer kenne ich alle seit meiner Jugend. Alte Freunde. Ich glaube, ich bin ein freundlicher und aufgeschlossener Mensch, aber enge Freundschaften brauchen bei mir Zeit, mit Männern und Frauen.

Warum sind Männer so zurückhaltend, wenn es um Glamour geht?

Für Glamour habe ich keine Zeit. Danach zu streben ist lächerlich. Das interessiert mich einfach überhaupt nicht. Ein sauberes Paar Schuhe muss reichen.

Was mochten Sie an Ihrer Frau Iman anfangs nicht, das Sie aber zu lieben gelernt haben?

Die Tatsache, dass jedes vierte Telefonat auf Somali, Arabisch oder Italienisch geführt wurde. Ich fand frustrierend, dass ich keine Ahnung hatte, worüber sie mit ihren Freunden und ihrer Familie sprach. Als Brite erwarte ich natürlich, dass sich alle auf Englisch unterhalten. Es war eine Art böses Erwachen. Mittlerweile macht es mir Spaß, zu rätseln, was einzelne Wörter wohl bedeuten, ich male mir aus, worum es gehen könnte.

Wer von Ihnen kocht besser, Iman oder Sie?

Bei mir brennt sogar Wasser an. Iman ist eine fantastische Köchin. Unser Sohn und unsere Tochter kochen auch gut. Ich vergehe vor Scham, dass ich nicht mal den Versuch unternommen habe. Ach so, doch, ich kann ein Ei kochen. Und radioaktiven Kaffee.

»Ach so, doch, ich kann ein Ei kochen. Und radioaktiven Kaffee.«

Was ist für das Funktionieren von Beziehungen zwischen Männern und Frauen wichtig?

Unbedingte und absolute Großzügigkeit im Umgang mit der Bettdecke. Die Erkenntnis, dass die Unterschiede zwischen beiden der Schlüssel zur Liebe sind, da sie im Laufe der Beziehung immer deutlicher hervortreten. Die Unterschiede sind es, die man hegen und pflegen muss. Die Gemeinsamkeiten kommen auch ohne uns klar.

»ICH DENKE OFT, BRECHT HÄTTE DAS SO GEMACHT.«

Im Gespräch mit Lars von Törne, 2002

Wen würden Sie gern wiedertreffen, wenn Sie nächste Woche in Berlin sind?

Edgar, ich würde gern Edgar sehen.

Edgar?

Edgar Froese von Tangerine Dream. Ein sehr netter Kerl. Edgar und seine Frau haben mir wirklich geholfen, als ich in Berlin lebte. Ich war damals in einer schwierigen Phase, hatte ungeheure Schmerzen. Sie haben mir geholfen, vom Kokain wegzukommen. Ja, die beiden waren sehr lieb zu mir.

Wissen Sie noch, wo Sie damals lebten?

Hauptstraße 155, in Schöneberg.

Sie erinnern sich nach fünfundzwanzig Jahren noch an die Hausnummer?

Die werde ich nie vergessen. Das waren sehr wichtige Jahre. Es war in vieler Hinsicht befreiend für mich, in Berlin zu leben.

Sie waren damals schon ein Weltstar. Wie verbrachte David Bowie in Berlin seine Tage?

Die meiste Zeit verbrachten Iggy und ich …

Sie meinen Iggy Pop.

Genau. Also im Grunde versuchten wir, von dem Zustand wegzukommen, in dem wir uns zuvor in den USA befunden hatten.

Ihre Kokainsucht?

Ja, ein großer Teil der Zeit ging ganz einfach dafür drauf, uns darüber klar zu werden, was wir von unserem Leben überhaupt wollten. Allerdings redeten wir damals nicht sehr viel. Jeder ging seiner eigenen Wege, hatte seine eigene Tagesordnung. Wir haben viel alleine gemacht.

Klingt so, als hätten Sie damals ein ziemliches Einsiedlerleben geführt.

O nein, wir sind trotzdem wahnsinnig viel ausgegangen. Ich glaube, damals habe ich wieder angefangen, auch tagsüber etwas zu unternehmen. Das hatte ich in den Jahren davor nicht mehr oft gemacht. Aber wir gingen auch abends viel aus. Meistens Restaurants, manchmal auch Bars. Aber eben keine Nachtclubs mehr wie in den Jahren zuvor.

Und tanzen gingen Sie gar nicht?

Das große Ding war damals der Dschungel …

Der Club in der Nürnberger Straße.

Da sind wir oft hingegangen. Ich erinnere mich an ein Mädchen, das ich dort kennenlernte. Auf ihrer Schulter saß eine Ratte, die mit einer Kette festgebunden war und ihr überall auf dem Kleid herumkletterte. Das war ziemlich schräg. Da waren überhaupt sehr schräge Leute. Ich erinnere mich an zwei Typen, die wir immer wieder trafen. Sie hatten Glatzen und waren als Chirurgen verkleidet, inklusive Gummihandschuhen und Stethoskop um den Hals. Auch ziemlich bizarr.

»Es war in vieler Hinsicht befreiend für mich, in Berlin zu leben.«

Waren diese Begegnungen inspirierend?

Ich weiß nicht. Aber es war ein schöner Zeitvertreib, diese Leute anzugucken. Später haben mir meine Freundin Coco und Iggy ein altes Auto zum Geburtstag geschenkt. Ich glaube, es war ein Mercedes von 1965 mit Schiebedach. Der Wagen war schon ziemlich verrostet, wir hatten nicht viel Geld.

Sie scherzen. Sie müssen doch auch damals schon gut verdient haben.

Ich hatte in den Jahren davor aber auch ziemlich viel ausgegeben. In Berlin waren wir so gut wie pleite. Jedenfalls machten wir mit dem Auto Touren kreuz und quer durch die Stadt. Besonders gern fuhren wir zum Wannsee. Da gab es ein Restaurant, in dem wir Geflügelleber und solches Zeug aßen.

Wie war das denn, mit einem wilden Punk wie Iggy Pop gemeinsam in einer Wohnung zu leben?

Na ja, er hatte anfangs ein Zimmer bei mir, zusammen mit seiner Freundin. Das ging aber nicht lange gut.

Wieso?

Mit dem … das war einfach zu viel für mich.

»Iggy aß alles auf, was er im Kühlschrank finden konnte. Das hat mich wahnsinnig gemacht.«

Hatten Sie unterschiedliche Auffassungen darüber, wie viel Party Ihnen guttun würde?

Ja, wir hatten sehr gegensätzliche Tagesabläufe. Außerdem aß Iggy alles auf, was er im Kühlschrank finden konnte. Das hat mich ziemlich geärgert. Ich war derjenige, der einkaufte, und er aß alles auf. Ich holte mir manchmal richtig leckere Sachen, bin extra ins KaDeWe, in die Lebensmittelabteilung, und ein paar Stunden später war alles weg. Das hat mich wahnsinnig gemacht. Er zog dann in eine Wohnung im selben Haus, direkt gegenüber von meiner.

Dann hatten Sie Ihre Leckereien wieder für sich alleine.

Ja, das war herrlich.

Warum sind Sie ausgerechnet nach Berlin gegangen?

Nach vielen Jahren, die ich quasi unter Hochdruck in den USA gelebt hatte, war es sehr entspannend für mich, in eine Stadt zu kommen, in der man kaum Notiz von mir nahm. Ich konnte endlich mal wieder entspannen und so einfache Dinge machen, wie im Straßencafé zu sitzen. Diese Anonymität hat mir damals sehr gutgetan – zu merken, dass man, auch wenn man schon eine gewisse Bekanntheit hat, trotzdem ein ganz normales Leben führen kann. Das habe ich seitdem nicht mehr geändert. Ich habe immer darauf geachtet, ein ganz normales Leben zu führen. Außerdem ist damals auch sonst sehr viel mit mir passiert. So habe ich zum Beispiel gemerkt, wie wichtig es mir ist, zu schreiben.

Was haben Sie denn in Berlin geschrieben?

›Heroes‹ zum Beispiel.

»We can be heroes, just for one day«, diese Zeile entstand hier?

Ja, und alle anderen Songs auf dem Album auch.

Abgesehen von der Anonymität, was war so besonders an Berlin damals in den späten Siebzigern?

Ich glaube, die Leute hatten genug eigene Probleme. Die brauchten nicht auch noch mich und meine Probleme. Nein, im Ernst: Da war diese besondere Atmosphäre, die ich übrigens in ähnlicher Form später in New York gefunden habe. Die Mentalität der Leute ist ziemlich ähnlich: Denen ist einfach egal, was du machst. Sie kümmern sich um ihr eigenes Zeug. Und sie denken nicht, dass es etwas Besonderes ist, einem berühmten Menschen auf der Straße zu begegnen. Das ist klasse. Deswegen lebe ich in New York.

Gab es in Berlin auch Künstler, die Sie bei Ihrer Arbeit angeregt haben?

Meine Musik wurde damals sehr vom besonderen deutschen Zeitgeist beeinflusst. Es gab diese starke Faszination für elektronische Musik, diese Innovationsfreude.

Wie Kraftwerk oder Tangerine Dream?

Ja, die auch. Aber noch mehr Bands wie Neu! Ich war einfach ganz vernarrt in die Arbeit, die Leute wie Conny Plank damals machten. Es war unglaublich. Und das brachte ich dann zusammen mit meiner Musik, die von Rhythm & Blues geprägt war. Einen größeren Gegensatz konnte man sich gar nicht vorstellen. Und diese beiden Einflüsse zu kombinieren, war für mich damals ein echter Durchbruch. Brian Eno, Tony Visconti – die beiden und ich, wir hatten den Eindruck, uns in Berlin auf ein völlig neues Gebiet zu begeben.

Haben Sie noch Kontakt zu Leuten aus dieser Zeit?

Leider nicht, ich habe den Kontakt zu fast allen verloren. Es ist einfach zu lange her.

Welche Orte würden Sie in Berlin gern wieder aufsuchen?

Da ich so ein Kunstfan bin, würde ich gern mal wieder ins Brücke-Museum gehen … Diese Kunstperiode hat mir persönlich immer besonders gut gefallen. Das wäre so etwas wie eine Pilgerreise für mich.

Die Bilder von Otto Mueller und anderen haben ja offensichtlich damals auch Ihre eigene Malerei inspiriert.

Ja, sehr stark. Es waren aber auch noch viele andere deutsche Künstler für mich wichtig.

Und wirkt dieser Einfluss noch bis heute?

Ich denke, ich war damals so besessen davon, dass er mich seitdem nicht mehr losgelassen hat. Er ist Teil meines Vokabulars als Künstler geworden. Es gibt immer noch Momente, da denke ich: Oh, ich glaube, Brecht hätte das jetzt so gemacht.

»Die brauchten nicht auch noch mich und meine Probleme.«

Bei *Heroes* spielt die Mauer eine Rolle. Kann man denn aus den hier entstandenen Alben Ihre Berliner Alltagserfahrungen raushören?

Ich bin nicht sicher, wie sehr das bei *Heroes* oder *Low* wirklich der Fall war. Lustigerweise habe ich aus heutiger Sicht den Eindruck, dass *Lodger*, die dritte Platte, die ich kurz danach aufgenommen habe, mehr meine Berliner Zeit reflektiert.

Inwiefern?

Da ist sehr viel von den Stimmungen verarbeitet, wie ich sie erlebt habe. Bis hin zu alltäglichen Anekdoten. Das Lied ›Yassassin‹ zum Beispiel spiegelt meine Eindrücke von der türkischen Gemeinschaft wider, die damals in meiner

Nachbarschaft lebte. Der Großteil meiner Arbeit stützt sich mehr auf innere Werte und ist persönlicher. Ich versuche, in mich hineinzuhören und das dann in eine Form zu gießen. Aber eines ist klar: Ich hätte damals nicht solche Musik machen können, wenn ich nicht vollkommen im Bann von Berlin gewesen wäre, mit seinen ganz besonderen Strukturen und seinen Spannungen.

Was waren denn das für besondere Spannungen?

Natürlich vor allem die Mauer und ihre Auswirkungen auf die Stadt: Diese Mischung aus Geselligkeit und dem Bewusstsein, dass man völlig isoliert und einzigartig war. Das schaffte damals eine unvergleichliche Atmosphäre.

»Diese Mischung aus Geselligkeit und dem Bewusstsein, dass man völlig isoliert und einzigartig war.«

Später haben Sie in der Schweiz gelebt und danach in New York. Wie stark war dort der Einfluss Ihres Wohnortes auf Ihre Arbeit, verglichen mit Berlin?

Die Schweiz hat man auf den Alben der achtziger Jahre deutlich gehört, bei *Let's Dance* zum Beispiel.

Eine sehr gradlinige Platte, nicht besonders experimentell und wohl Ihr größter kommerzieller Erfolg. Das passt zur Schweiz.

Eben. Und auf den Alben der Neunziger bis heute ist der Einfluss New Yorks sehr deutlich zu merken. Dort lebe ich jetzt seit zwölf Jahren, teilweise aus den gleichen Gründen, warum ich damals in Berlin lebte. Es ist sehr unkonventionell. Vor allem in der Innenstadt, wo ich mit meiner Frau und unserer Tochter wohne. Das ist immer noch ein bisschen so etwas wie eine Künstler- und Musikerkolonie. Es gibt immer noch eine Spur der alten, unkonventionellen Bohemien-Lebensweise, die mir sehr gefällt.

Hat sich das in den letzten zwölf Monaten geändert, seit dem 11. September?

Nein, gar nicht. Einige Bekannte sind weggezogen, weil sie einfach nur noch Panik hatten. Aber ich tendiere dazu, Situationen sehr schnell als gegeben zu akzeptieren. Außerdem bin ich Optimist genug, nicht zu glauben, dass der Blitz dreimal in dieselbe Stelle einschlägt. Und er hat ja am 11. September schon zweimal eingeschlagen.

Sie sind seit ein paar Jahren mit dem Model Iman verheiratet, vor zwei Jahren wurde Ihre gemeinsame Tochter Alexandria Zahra geboren. Wie hat das Ihren Blick auf das Leben verändert?

Die Erfahrung, eine Familie zu haben, für die ich verantwortlich bin und wegen der ich weniger egoistisch sein kann, fiel zusammen mit einer Phase, in der mein Ehrgeiz ein wenig abstumpfte. Ich hatte gemerkt, dass das, was ich bekomme, wenn ich nur meinem Ehrgeiz folge, nicht das ist, was ich zu bekommen hoffte. Kurz gesagt: Ruhm alleine macht nicht glücklich.

Aber das Streben danach hat Sie weit gebracht.

Wenn ich zurückschaue, muss ich sagen: Ich habe vieles von dem erreicht, was ich erreichen wollte. Ich habe die Songs geschrieben, die ich schreiben wollte. Ich habe das meiste von dem getan, was ich tun wollte. Wissen Sie, wenn man jung ist, hat man einen brennenden Ehrgeiz. Du willst gewinnen, gewinnen, gewinnen. Aber das lässt mit der Zeit nach.

Immerhin haben Sie mit *Heathen* gerade wieder ein viel beachtetes Album herausgebracht.

Verstehen Sie mich nicht falsch: Ich bin immer noch neugierig, ich verspüre immer noch den Drang zu schreiben. Aber ich bin nicht mehr so getrieben wie früher. Dazu kommt: Ich war als junger Mann nicht gerade besonders glücklich. Ein großer Teil meines Arbeitsantriebs war eine Verleugnung meines eigenen Lebens. Wenn ich mich mit Arbeit zuschütte, muss ich mir keine Gedanken machen, wie ich persönlich mit dem Leben klarkomme.

Und da sind Ihre Frau und Ihre kleine Tochter dann das sinnstiftende Gegengewicht?

Genau.

Schwer vorstellbar, dass der einst so glamouröse Rockstar heute ein Familienmensch ist. Wie sieht denn so ein ganz normaler David-Bowie-Tag aus?

Sie werden es nicht glauben, wie verdammt gewöhnlich und normal meine Tage aussehen.

Legen Sie Ihrer Tochter die Windeln an?

Nicht mehr, sie geht schon aufs Töpfchen.

Sie lachen?

Ja. Unser Leben sieht genauso aus wie das Leben eines jeden anderen Paars in New York, das in ähnlichen Verhältnissen lebt. Wir führen ein recht konservatives Leben, wir wohnen nicht besonders pompös, sondern haben einfach ein nettes Apartment. Wir verbringen unsere Zeit in der Gesellschaft, in der wir uns wohlfühlen. Wir gehen in Galerien, Restaurants, Supermärkte. Im Prinzip verläuft unser Leben wie das der meisten anderen auch. Ich stehe sehr früh auf und schreibe dann für ein paar Stunden. Und ich versuche, die meisten Nachmittage für meine Familie freizuhalten. Ist das nicht schockierend gewöhnlich?

»Ich versuche, die meisten Nachmittage für meine Familie freizuhalten. Ist das nicht schockierend gewöhnlich?«

Haben Sie eigentlich je erwogen, noch einmal für längere Zeit nach Berlin zurückzukommen?

Ich weiß nicht, ob das gut wäre. Ich glaube, ich bin sehr eigen mit dem, was ich als mein Berlin erinnere. Ich würde es vielleicht gar nicht mehr wiederfinden. Viele jüngere Künstler, die meine Arbeiten aus jener Zeit mögen, sagen mir, sie wollen auch nach Berlin gehen, um zu fühlen, was ich gefühlt habe. Dann sage ich ihnen immer: Das ist vorbei. Man kann die Vergangenheit nie wiederholen. Ihr erlebt vielleicht auch etwas ganz Großartiges. Aber es wird nie so sein, wie ich es empfunden habe. Ich denke zum Beispiel an Bono, der wollte das Gleiche erleben wie ich. Aber er hatte eine sehr enttäuschende Zeit in Berlin. Es hat ihm gar nicht gefallen.

»ICH WILL DREIHUNDERT JAHRE ALT WERDEN.«

Im Gespräch mit Thomas Hüetlin, 2002

Die Welt kennt Sie als glamourösen Rockstar. Warum präsentieren Sie sich auf dem Cover Ihrer neuen CD *Heathen* reichlich düster und mit weißen Augäpfeln, als wären Sie blind?

Das Cover ist eine Hommage an den Surrealismus der dreißiger Jahre. An Man Ray, Dalí und an Luis Buñuels Film *Ein andalusischer Hund*. Ich dachte mir, ich sollte ein wenig Spaß mit dieser Periode haben.

»Heathen« heißt übersetzt so viel wie Barbar. Der gleichnamige Song wird von einer majestätischen Traurigkeit getragen. Woher rührt die?

Der Song handelt von der Endlichkeit des menschlichen Daseins – und davon, wie sehr ich es bedaure, dass sich das Leben allmählich von mir verabschiedet.

Sie sind fünfundfünfzig Jahre alt und damit, wie man so sagt, im besten Mannesalter. Woher die Klagen? Sind Sie krank?

Nein, ich liebe das Leben. Aber das Thema meiner Arbeit sind nun mal die düsteren Seiten des Daseins: Angst, Zweifel, Depression, Verlust, Enttäuschung. Der Zustand, mit dem ich mich hauptsächlich beschäftige, ist der des totalen Elends (*lacht*).

»Der Zustand, mit dem ich mich hauptsächlich beschäftige, ist der des totalen Elends (lacht).«

Immerhin scheinen diese Themen Sie in eine heitere Stimmung zu versetzen. Halten Sie es mit dem von Russell Crowe gespielten Helden des Oscar-gekrönten Films *Gladiator*, der sagt: »Wenn der Tod auf dich herablächelt, was kannst du tun, außer zurücklächeln?«

Vielleicht. Aber ich habe mein ganzes Leben lang unter starken Ängsten gelitten. Dies ist das Hauptmotiv meiner Arbeit und meiner inneren Suche. Ich kreise eigentlich dauernd darum. Bei vielen Künstlern, die ich bewundere, ist es genauso: Sie kehren immer wieder zu ihrem einen großen Thema zurück.

Was ist mit denjenigen Ihrer Songs, die die schönen Seiten des Lebens feiern – mit Liedern wie ›Rebel Rebel‹? Ist es Ihnen heute peinlich, so etwas geschrieben zu haben?

Sagen wir mal so: Im Alter von fünfundfünfzig Jahren finde ich es etwas problematisch, einen Song zu singen, der das Lebensgefühl eines Achtzehnjährigen beschreibt. Zumindest ist es schwer, das mit Stil hinzukriegen.

Früher, vor allem in den Siebzigern, haben Sie mit dem

Tod regelrecht gespielt. Es wirkte so, als würde es Ihnen nichts ausmachen, wenn Sie die Dreißig nicht erleben würden. Frei nach der Rock'n' Roll-Devise: Stirb früh und hinterlass eine gut aussehende Leiche. Warum hängen Sie auf einmal so am Leben?

Dieses Spiel mit dem Tod war nicht mehr als eine romantisch-heroische Idee, mit der junge Leute nun mal gern herumtändeln. Es ist die Fortsetzung der Gedichte von Byron und Shelley, die man in diesem Alter liest, und dann stellt man sich schwärmerisch vor, als schöner Verlierer ein frühes Ende zu finden. Von heute aus betrachtet, ist das alles großer Blödsinn. Die meisten jungen Menschen wissen nicht, was Tod bedeutet, sie haben keine Ahnung. Sie haben nie jemanden sterben sehen. Es fehlt ihnen an Tiefe und Erfahrung.

Klingt ungeheuer erwachsen.

Sehen Sie, ich habe einige meiner persönlichen Probleme gelöst. Zum Beispiel habe ich mich früher in Gesellschaft immer unwohl gefühlt. Ich hatte das Gefühl, nicht zu wissen, wie man sich benimmt und wie man sich unterhält …

… und schon deswegen haben Sie sich offenbar nur allein oder auf einer großen Bühne wirklich sicher gefühlt. Hat Ihre Frau, das Fotomodell Iman, mit der Sie seit zehn Jahren verheiratet sind, Sie von diesen Ängsten kuriert?

Sicher hat sie dazu beigetragen. Früher war ich unsicher und hatte Angst vor Beziehungen. Ich habe niemandem jemals zugehört. Aber jetzt geht es. Allmählich gefällt es mir, hier unten auf der Suche zu sein. Was für ein cooler Platz. *(Mit Roboterstimme:)* »Mir geht es jetzt gut in dieser

Welt. Ich kann nun Verbindungen herstellen zu euch anderen Lebewesen.« Auch deshalb nervt mich die Endlichkeit des Lebens. Jetzt, wo ich mich selbst und andere verstehe, soll ich sterben – was für ein Scheißspiel. Gibt es niemanden, mit dem man die Spielregeln noch einmal überarbeiten könnte? Ich würde gern zweihundert oder dreihundert Jahre alt werden.

Sie haben *Heathen* unter Anleitung von Tony Visconti, der auch schon vor über zwanzig Jahren Ihre legendären Melancholie- und Angst-Songs ›Heroes‹ und ›Scary Monsters‹ produzierte, in einem Studio in Woodstock aufgenommen – also in ländlicher Idylle. Ist auch diese Arbeit auf dem Land eine Folge der neuen Lebenseinstellung des einstigen Stadtmenschen David Bowie?

Das war eine Idee von Tony Visconti. Ich hatte, ehrlich gesagt, ziemliche Panik davor. Für Eichhörnchen mag Woodstock eine tolle Gegend sein, aber ich bevorzuge Orte, an denen mich ein Taxi schnell wieder abholen kann.

Was hat Sie überzeugt?

Das Studio. Es war ein altes, düsteres, sehr elegantes Landhaus aus den zwanziger Jahren, in dem wir aufnahmen. Es stand auf der Spitze eines Bergs. Das ganze Ding erinnerte mich an eine alte Luxusjacht aus der Eisenhower-Ära. Und in der Tat stellte sich heraus, dass es ein Industrieller erbaut hatte, der mit dem Herstellen von Bootslack reich geworden war. Wir waren also umgeben von dunklen monumentalen Holzmöbeln und diesem Bootsblau, das der Industrielle stolz und großzügig in seinem Haus hatte verstreichen lassen. Ein grandioses Statement, aber eben auch ein wenig modrig und alt. Eine Kulisse wie aus *Citizen Kane*. Man konnte das Amerika der zwanziger und dreißiger Jahre darin spüren. Diese Zeitspanne, die von Überfluss und Dekadenz direkt in den Börsencrash und die Depression führte. Die Euphorie und der Niedergang – das alles war in diesem Haus.

»Für Eichhörnchen mag Woodstock eine tolle Gegend sein.«

Stimmt es, dass Sie sich während der Arbeit an *Heathen* durch die Musik des deutschen Komponisten Richard Strauss inspirieren ließen?

Ja, es sind vor allem seine *Vier letzten Lieder*, die für mich zum Schönsten und Fesselndsten zählen, was ich je gehört habe: ihre Gravität und Melancholie, die auf der Einsicht beruhen, dass er sterben und loslassen muss. Entdeckt habe ich Strauss vor dreißig Jahren, als ich zum ersten Mal den Kubrick-Film *2001: Odyssee im Weltraum* sah, mit dieser fabelhaften Einleitung, die ja heute wie ein Radiojingle benutzt wird. Ich dachte mir damals: Großartig – das ist sicher einer, der Werbemusik schreibt. War aber dann, wie ich auf dem Soundtrack erkennen konnte, ein Typ namens Richard Strauss.

Angeblich haben Sie in Woodstock oft schon um sechs Uhr früh mit dem Komponieren begonnen. Ist das nicht eine merkwürdige Arbeitszeit für einen Rockstar?

Ich stehe schon seit Längerem früh auf, übrigens ebenso

wie meine Frau Iman. Selbst wenn ich um drei Uhr nachts ins Bett gehe, stehe ich um fünf oder sechs wieder auf. Unser knapp zwei Jahre altes Baby schläft um diese Zeit noch. Manchmal finde ich das ein wenig erschreckend: Schließlich ist es die Aufgabe des Babys, die Eltern aufzuwecken, und nicht umgekehrt.

Mussten sich Ihre Musiker Ihren neuen Gewohnheiten anpassen, oder durften die ausschlafen?

Ich fing allein an, es herrschte oft ein unglaubliches, grandioses Licht um diese Tageszeit, ein High über Amerika, und ich hatte gleichzeitig das Gefühl, Richard Strauss säße neben mir im Zimmer. Wenn die anderen dann gegen elf Uhr vormittags angestolpert kamen, war ich schon fast fertig. Hier die Komposition, hier der Plan, hier die Texte und hier – ich hätte es fast vergessen – das Albumcover.

> *»Die* Vier letzten Lieder *von Richard Strauss zählen für mich zum Schönsten und Fesselndsten, was ich je gehört habe.«*

Die Songs von *Heathen* wurden im Juli und August vorigen Jahres aufgenommen und erzählen von Angst und Tod. Dokumentiert sich da die Vorahnung des Wahl-New-Yorkers David Bowie auf die Katastrophe vom 11. September?

Nein, die Themen und Stimmungen, die dieses Album prägen, haben mit dem Haus und dem Studio zu tun. Zur selben Zeit wie ich hat auch die Musikerin Natalie Merchant dort oben Songs aufgenommen, darunter einen namens ›This House Is On Fire‹. Das könnte man auch als Vorahnung auf den 11. September deuten. Hat nur nichts damit zu tun.

Sie wohnen nicht weit von der Stelle entfernt, an der früher das World Trade Center stand. Hatten Sie mit einer Attacke gerechnet?

Nicht genau mit der Art, wie sie stattfand, aber mit einem katastrophalen terroristischen Anschlag – ja. Nach dem fehlgeschlagenen Versuch von 1993 war es klar, dass sie wiederkommen würden. Als Europäer nimmt man Terroristen anders wahr, als ernste, reale Bedrohung. Ich wusste schon aus London, dass Terroristen nicht nur davon reden, Bomben zu werfen, sondern es auch tatsächlich tun.

Wo waren Sie, als die Flugzeuge im World Trade Center einschlugen?

Ich war oben in Woodstock und rief nach dem ersten Flugzeugeinschlag sofort meine Frau an. Ich hatte das Ganze im Fernsehen gesehen, sie auch vom Fenster unserer Küche aus, wo sie für unsere Tochter Frühstück machte. Sie sagte: »Was für eine Tragödie. Vielleicht ist der Pilot eingeschlafen. O mein Gott, ein zweites Flugzeug hat gerade den anderen Turm getroffen!« Ich sagte: »Nimm das Baby und schau, dass du rauskommst.«

Hatten Sie Angst?

Ich hatte schreckliche Angst.

Flüchtete Ihre Frau hinaus zu Ihnen nach Woodstock?

Nein, das ist nicht die Art meiner Frau. Sie rannte zwanzig Blocks Richtung Uptown zu Freunden und blieb mit dem Baby zwei Tage dort. Ich bat sie, nach Woodstock zu kommen. Aber sie sagte: »Nein. Ich gehe zurück nach Hause. Dreimal schlägt es hier nicht ein. Sie kommen nicht noch mal. Es ist jetzt vorbei.« Widerspruch zwecklos. Also habe ich mich auf den Weg zu ihr gemacht. Die Straßen waren abgeriegelt und voller Polizeibarrikaden. Ich hatte meinen Ausweis vergessen und wäre fast nicht durchgelassen worden. Ein Polizist erkannte mich und sagte: »Hi, Mr. Bowie, wo ist Ihr Pass?«

»Nimm das Baby und schau,
dass du rauskommst.«

Seit ein paar Tagen wird vor neuen, möglicherweise sogar nuklearen Attacken auf New York gewarnt. Machen Sie sich Sorgen?

Ich finde das alles sehr merkwürdig. Lassen Sie es mich mal so sagen: Ich weiß nicht, was da wirklich los ist. Aber ich fürchte mich nicht.

Werden Sie in Manhattan wohnen bleiben?

Mir gefällt es hier. Ich mag, was Don DeLillo »das dauernde Summen eines gewissen Stresspegels« nennt. Die Spannung treibt mich an wie ein Motor. Es ist keine glückliche

Energie, eher eine, die mit Verzweiflung und Panik zu tun hat – aber ich gedeihe prächtig darin. Außerdem kümmern sich die Leute hier nicht groß um Berühmtheiten. Sie lassen einen in Ruhe. Ich lasse mich lieber von Plänen für einen Nuklearangriff nerven als von Paparazzi.

Wie kommt es, dass Sie sich neben Ihrer eigenen Karriere für andere Musiker einsetzen und nun als Kurator des Londoner Meltdown-Festivals auch kaum bekannte Künstler unter dem Motto »Outside Music« präsentieren?

Viele der Typen faszinieren mich – gerade weil ein traditionelles Rock 'n' Roll-Publikum sie kaum ertragen würde. Zum Beispiel ein Mann namens Daniel Johnston, der in gewissen Kreisen eine Folkmusik-Legende ist, aber vor allem einer, der schwere psychische Probleme hatte. Er hat seit Anfang der achtziger Jahre wunderbare Songs geschrieben mit sehr berührenden Texten, die er zu Hause bei seinen Eltern aufnahm und zu denen er eher schlecht Gitarre und Klavier spielte. Seine kleinen Musikkassetten tauschte er dann in einem Laden gegen Comics ein. Diese Kassetten machten die Runde, der Mann wurde in Austin, Texas ein wenig bekannt, aber er lebt bis heute bei seinen Eltern.

Woher rührt Ihre Leidenschaft für derart hoffnungslose Außenseiter?

Ich hasse den Mainstream. Ich ersticke an seiner Mittelmäßigkeit und Berechenbarkeit. Ein Mann wie Daniel Johnston nimmt seine Songs nur für sich selbst auf, und genau diese fast primitive Integrität seiner Arbeit halte ich für etwas Wahres. Es macht mir bewusst, was ich an der Kunst ursprünglich einmal geliebt habe.

Hatten Sie nicht selbst oft so großen Erfolg, dass Sie ganz zu Recht zum Mainstream gezählt wurden?

Ich habe während meiner Karriere immer wieder die Flucht weg von diesem verfluchten Ort angetreten. Sobald man zum Mainstream gehört, wird auf einmal alles leer und vollkommen hinfällig. In den Siebzigern bin ich aus Amerika abgehauen und in die Berliner Anonymität abgetaucht. Ich war bankrott, mein Freund Iggy Pop und ich fuhren mit einem Mercedes herum, der so verrostet war, dass man durch seinen Boden die Straße sehen konnte, und wir fühlten uns wieder wie Teenager. Ich hatte das Gefühl, dass damals in Berlin eine riesige Last von mir weggehoben wurde.

»Ich lasse mich lieber von Plänen für einen Nuklearangriff nerven als von Paparazzi.«

Trotz Ihrer Passion für das Außenseitertum konnten Sie es nicht verhindern, richtig reich zu werden. Fachleute schätzen Ihr Vermögen auf annähernd achthundert Millionen Euro. Ist das eine Summe, bei der die Lebensangst allmählich abnimmt?

Nicht wirklich. Aber für einen wie mich, der aus der Arbeiterklasse kommt, ist es ganz gut zu wissen, dass ihm und seiner Familie, zumindest was Geld angeht, nichts mehr passieren kann.

»MEINE GRÖSSTE LEISTUNG? DEN FRÜHEN MORGEN ENTDECKT ZU HABEN.«

Antworten auf den Proust-Fragebogen, 1998

Was ist für Sie das vollkommene irdische Glück?
Lesen.

Was ist Ihr Hauptcharakterzug?
Nie zu Wort zu kommen.

Was betrachten Sie als Ihre größte Leistung?
Den frühen Morgen entdeckt zu haben.

Was fürchten Sie am meisten?
Kilometer in Meilen umrechnen zu müssen.

Mit welcher historischen Gestalt identifizieren Sie sich am meisten?
Santa Claus.

Welche lebende Person bewundern Sie am meisten?
Elvis.

Ihre Helden in der Wirklichkeit?
Die Verbraucher.

Welche Eigenschaft verabscheuen Sie bei sich selbst am meisten?
Wenn ich in New York bin: Toleranz. Wenn ich woanders bin: Intoleranz.

Welche Eigenschaft verabscheuen Sie bei anderen am meisten?
Talent.

Wie reisen Sie am liebsten?
Besonders wohl fühle ich mich auf der Straße der künstlerischen Exzesse.

Welche Tugenden halten Sie für besonders überschätzt?
Mitgefühl und Originalität.

Welche Wörter verwenden Sie zu oft?
Chthonisch, Miasma.

Was bedauern Sie am meisten?
Nie Schlaghosen getragen zu haben.

Ihre gegenwärtige Geistesverfassung?
Schwanger.

Wenn Sie eine Sache an Ihrer Familie ändern könnten, was wäre das?
Meine Angst vor ihr, meine Frau und meinen Sohn ausgenommen.

Gibt es einen Gegenstand, den Sie wie einen Schatz hüten?
Ein mit Klebestreifen zusammengehaltenes Foto von Little Richard, das ich 1958 gekauft habe, und eine gepresste

Chrysantheme, die ich während meiner Hochzeitsreise in Kyoto gepflückt habe.

Was ist für Sie das größte Unglück?
In Angst zu leben.

Wo möchten Sie leben?
In Nordost-Bali oder Süd-Java.

Ihre Lieblingsbeschäftigung?
Dick Farbe auf einem fühllosen Stück Leinen zu verstreichen.

Welche Eigenschaft schätzen Sie bei einem Mann am meisten?
Die Fähigkeit, ausgeliehene Bücher zurückzubringen.

Welche Eigenschaft schätzen Sie bei einer Frau am meisten?
Die Fähigkeit, auf Kommando zu rülpsen.

Ihre Lieblingsnamen?
Sears & Roebuck.

Was ist Ihr Motto?
»Was« *ist* mein Motto.

BOWIES 100-BESTE-BÜCHER-LISTE

Homer, *Die Ilias*, um 800 v. Chr.

Dante Alighieri, ›Die Hölle‹ aus der *Göttlichen Komödie*, 1308–1321

Edward Bulwer-Lytton, *Zanoni*, 1842

Gustave Flaubert, *Madame Bovary*, 1856

Éliphas Lévi, *Transzendentale Magie*, 1856

Lautréamont, *Die Gesänge des Maldoror*, 1868

Frank Norris, *Gier nach Gold*, 1899

Wyndham Lewis (Hg.), *Blast* (Literaturzeitschrift), 1914/15

T.S. Eliot, *Das wüste Land*, 1922

F. Scott Fitzgerald, *Der große Gatsby*, 1925

D.H. Lawrence, *Lady Chatterleys Liebhaber*, 1928

Nella Larsen, *Seitenwechsel*, 1929

Alfred Döblin, *Berlin Alexanderplatz*, 1929

John Dos Passos, *Der 42. Breitengrad*, 1930

William Faulkner, *Als ich im Sterben lag*, 1930

Die Jahreszahlen beziehen sich auf die Originalausgaben.

Evelyn Waugh, *Lust und Laster*, 1930

Hart Crane, *Die Brücke*, 1930

Wallace Thurman, *Infants of the Spring*, 1932

J.B. Priestley, *Englische Reise*, 1934

Christopher Isherwood, *Mr. Norris steigt um*, 1935

George Orwell, *Der Weg nach Wigan Pier*, 1937

The Beano (*Comicmagazin*), seit 1938

Nathanael West, *Tag der Heuschrecke*, 1939

Dorothy Parker, *New Yorker Geschichten*, 1939

Arthur Koestler, *Sonnenfinsternis*, 1940

Albert Camus, *Der Fremde*, 1942

Richard Wright, *Ich Negerjunge*, 1945

Ann Petry, *Die Straße*, 1946

George Orwell, *1984*, 1948

Vladimir Nabokov, *Lolita*, 1955

Colin Wilson, *Der Outsider*, 1956

Alberto Denti di Pirajno, *Das Mädchen auf dem Delphin*, 1956

John Braine, *Der Weg nach oben*, 1957

Vance Packard, *Die geheimen Verführer*, 1957

Jack Kerouac, *Unterwegs*, 1957

Giuseppe Tomasi di Lampedusa, *Der Gattopardo*, 1958

Keith Waterhouse, *Billy der Lügner*, 1959

David Kidd, *Peking Story*, 1960

R.D. Laing, *Das geteilte Selbst*, 1960

Frank Edwards, *Strange People*, 1961

John Cage, *Silence: Vortrag über nichts, Vortrag über etwas*, 1961

Douglas Harding, *Zen und die Wiederentdeckung des Offensichtlichen*, 1961

Muriel Spark, *Die Blütezeit der Miss Jean Brodie*, 1961

George Orwell, *Im Innern des Wals: Erzählungen und Essays*, 1962

Anthony Burgess, *Die Uhrwerk-Orange*, 1962

James Baldwin, *Hundert Jahre Freiheit ohne Gleichberechtigung*, 1963

Yukio Mishima, *Der Seemann, der die See verriet*, 1963

Jessica Mitford, *Der Tod als Geschäft*, 1963

Spike Milligan, *Puckoon*, 1963

John Rechy, *Nacht in der Stadt*, 1963

Hubert Selby Jr., *Letzte Ausfahrt Brooklyn*, 1964

Saul Bellow, *Herzog*, 1964

Truman Capote, *Kaltblütig*, 1965

Jewgenija Ginsburg, *Marschroute eines Lebens*, 1967

Michail Bulgakow, *Der Meister und Margarita*, 1967

Christa Wolf, *Nachdenken über Christa T.*, 1968

Nik Cohn, *AWopBopaLooBopAlopBamBoom. Pop History*, 1969

Charlie Gillett, *The Sound of the City: The Rise of Rock and Roll*, 1970

Peter Sadecky, *Octobriana and the Russian Underground*, 1971

George Steiner, *In Blaubarts Burg*, 1971

Otto Friedrich, *Weltstadt Berlin: Größe und Untergang – 1918–1933*, 1973

Frank O'Hara, *Selected Poems*, 1974

Greil Marcus, *Mystery Train*, 1975

Ed Sanders, *Die glorreichen Beatniks*, 1975

James A. Hall, *Hall's Dictionary of Subjects and Symbols in Art*, 1975

David Sylvester, *Gespräche mit Francis Bacon*, 1975

Julian Jaynes, *Der Ursprung des Bewusstseins durch den Zusammenbruch der bikameralen Psyche*, 1976

Malcolm Cowley (Hg.), *Writers at Work: The Paris Review Interviews*, 1977

Ian McEwan, *Zwischen den Laken*, 1978

Fran Lebowitz, *Metropolitan Life*, 1978

Elaine Pagels, *Versuchung durch Erkenntnis*, 1979

Viz *(Comicmagazin)*, seit 1979

Raw *(Comicmagazin)*, 1980–1991

Anthony Burgess, *Der Fürst der Phantome*, 1980

John Kennedy Toole, *Die Verschwörung der Idioten*, 1980

Howard Zinn, *Eine Geschichte des amerikanischen Volkes*, 1980

Charles White, *The Life and Times of Little Richard*, 1984

Julian Barnes, *Flauberts Papagei*, 1984

Martin Amis, *Gierig*, 1984

Angela Carter, *Nächte im Zirkus*, 1984

Gerri Hirshey, *Nowhere to Run: The Story of Soul Music*, 1984

Don DeLillo, *Weißes Rauschen*, 1985

Peter Ackroyd, *Der Fall des Baumeisters*, 1985

Peter Guralnick, *Sweet Soul Music*, 1986

Bruce Chatwin, *Traumpfade*, 1987

Richard Cork, *David Bomberg*, 1987

Camille Paglia, *Die Masken der Sexualität*, 1990

Arthur C. Danto, *Kunst nach dem Ende der Kunst*, 1992

Anatole Broyard, *Verrückt nach Kafka*, 1993

Howard Norman, *Das Fresko*, 1994

Michael Chabon, *Wonder Boys*, 1995

Lawrence Weschler, *Mr. Wilsons Wunderkammer*, 1995

Rupert Thomson, *The Insult*, 1996

Orlando Figes, *Die Tragödie eines Volkes: Die Epoche der russischen Revolution 1891 bis 1924*, 1996

Christopher Hitchens, *Die Akte Kissinger*, 2001

Sarah Waters, *Solange du lügst*, 2002

Tom Stoppard, *Die Küste Utopias: Aufbruch, Schiffbruch, Bergung*, 2002

Jon Savage, *Teenage: Die Erfindung der Jugend (1875–1945)*, 2007

Junot Diaz, *Das kurze wundersame Leben des Oscar Wao*, 2007

Susan Jacoby, *The Age of American Unreason*, 2008

NACHWEIS

A. Craig Copetas, mit William S. Burroughs
*»Ich bin ein schrecklicher Lügner.«**
Zuerst in: *Rolling Stone*, 28.2.1974.
Copyright © 1974 by A. Craig Copetas / Rolling Stone Licensing LCC.
Aus dem Englischen von Bernd Gockel und Heiko Arntz.

Der griechische Journalist Copetas brachte im November 1973 den amerikanischen Schriftsteller und wichtigen Vertreter der Beat-Generation, William S. Burroughs, mit DB zusammen und beschränkte sich darauf, die beiden reden zu lassen.

David Thomas
*Musik für den Dschungel**
Zuerst in: *The Face*, Mai 1983.
Copyright © 1983 by David Thomas.
Aus dem Englischen von Cornelius Reiber.
Copyright für die deutsche Übersetzung © 2018 by Kampa Verlag AG, Zürich.

Der britische Journalist David Thomas war erst vierundzwanzig, als er DB auf der *Let's-Dance*-Werbetour in London interviewte, was dem Popstar ein amüsiertes »Autsch« entlockte.

Kurt Loder
*Die aufregendste Kunstform**
Zuerst in: *Rolling Stone*, 23.4.1987.
Copyright © 1987 by Rolling Stone Licensing LCC.
Aus dem Englischen von Cornelius Reiber.
Copyright für die deutsche Übersetzung © 2018 by Kampa Verlag AG, Zürich.

Kurtis »Kurt« Loder (Jg. 1945), ein amerikanischer Filmkritiker, Kolumnist und TV-Journalist, war in den achtziger Jahren Redakteur des *Rolling Stone*.

Hanif Kureishi
*Glamour und Außenseitertum**
Zuerst in: *Interview*, 1993.
Copyright © 1993 by Hanif Kureishi. Abdruck mit freundlicher Genehmigung der Agentur Wylie, London.
Die deutsche Fassung erschien zuerst in: *Du*, November 2003.
Copyright für die deutsche Übersetzung © 2003 by *Du – Kulturmagazin*, Zürich.

Der britische Schriftsteller Hanif Kureishi besuchte wie DB die Bromley Technical High School – allerdings zehn Jahre später. Die beiden freundeten sich später an. Zur BBC-Verfilmung von Kureishis

* Titel mit Sternchen stammen vom Verlag.

Erfolgsroman *Der Buddha aus der Vorstadt* steuerte DB den Soundtrack bei.

Max Dax
*»Das ist das Größte überhaupt, dass man die Musik verändert hat.«**
Zuerst in: *Alert*, Januar / Februar 2002.
Copyright © 1997 by Max Dax.

Max Dax (Jg. 1969) ist Journalist, Fotograf und Grafiker. Er war Gründer der ersten deutschsprachigen Interviewzeitschrift *Alert*, die von 1992 bis 2004 erschien. Nach dem Interview 1997 schrieb DB Max Dax ins Notizbuch: »To a man who knows the secret life of a suit.«

Jürgen von Rutenberg
»Ihr wollt Space? Ich gebe euch Space!«
Zuerst in: *Die Zeit*, 17.1.1997.
Copyright © 1997 by *Die Zeit*, Hamburg.

Jürgen von Rutenberg ist Redakteur der Wochenzeitung *Die Zeit* und des *Zeit-Magazins*.

Michael Kimmelman
*Über Malerei**
Zuerst in: *The New York Times*, 14.6.1998.
Copyright © 1998 by *The New York Times*.
Aus dem Englischen von Cornelius Reiber.
Copyright für die deutsche Übersetzung © 2018 by Kampa Verlag AG, Zürich.

Michael Kimmelman (Jg. 1958) ist ein amerikanischer Autor, Kolumnist und Pianist. Er leitete jahrelang das Kunstressort der *New York Times*.

Iman Abdulmajid
*Der Schlüssel zur Liebe**
Zuerst in: *Bust*, Oktober 2000.
Copyright © 2000 by *Bust Magazine*, New York.
Aus dem Englischen von Cornelius Reiber.
Copyright für die deutsche Übersetzung © 2018 by Kampa Verlag AG, Zürich.

Die *Bust*-Ausgabe vom Oktober 2000 stand unter dem Motto »Men We Love«, zu denen auch DB zählte. DBs Frau Iman Abdulmajid erklärte sich bereit, ihren Mann zu einem Interview mit *Bust* zu überreden. Bedingung: Sie selbst würde DB interviewen. Den Fragenkatalog lieferte das Magazin, Iman wählte aus, und schickte wenige Tage später ein vollständiges Transkript des Interviews mit ihrem Gatten an die Redaktion.

Lars von Törne
»Ich denke oft, Brecht hätte das so gemacht.«
Zuerst in: *Der Tagesspiegel*, 2002.
Copyright © 2002 by Lars von Törne / *Der Tagesspiegel*, Berlin.

Lars von Törne (Jg. 1969) ist Redakteur des *Tagesspiegel*.

Thomas Hüetlin
»Ich will dreihundert Jahre alt werden.«
Zuerst in: *Der Spiegel*, 10.6.2002.
Copyright © 2002 by *Der Spiegel*, Hamburg.

Thomas Hüetlin (Jg. 1961) arbeitete seit 1991 beim *Spiegel*, u. a. als Auslandskorrespondent in New York und London.

*»Meine größte Leistung? Den frühen Morgen entdeckt zu haben.«**
Antworten auf den Proust-Fragebogen
Zuerst in: *Vanity Fair*, August 1998.

Bowies 100-Beste-Bücher-Liste

Die Liste mit »David Bowie's Top 100 Must Read Books« war eines der Exponate der großen David-Bowie-Ausstellung, die unter dem Titel *David Bowie Is* zuerst 2013 im Victoria and Albert Museum in London gezeigt wurde.

LEBEN UND WERK

1947	David Bowie wird am 8. Januar als David Robert Jones in Brixton, in South London, geboren. Die Familie lebt in bescheidenen Verhältnissen. Die Mutter, Mary »Peggy« Burns, arbeitet als Platzanweiserin in einem Kino, der Vater, Haywood Stenton Jones, als Marketingleiter im Kinderhilfswerk Bernardo's. David ist Peggys drittes Kind. Ein Sohn aus früherer Ehe, Terry, lebt zeitweilig mit im Haus.
1953	Die Familie zieht nach Bromley, einem Londoner Mittelschichtvorort. Der Vater bringt Rock 'n' Roll-Singles mit nach Hause. DB hört Little Richard und beschließt, Saxophon zu lernen.
1959	Halbbruder Terry begeistert DB für Jazz und für die Beat-Literatur.
1962	Gründung der ersten Band: The Konrads. DB spielt Saxophon und singt.
1963	DB schließt die Bromley Technical High School mit Mittlerer Reife ab (Schwerpunkt Kunst) und arbeitet einige Monate in einer Werbeagentur als Grafiker.

1964 Erste Single erscheint: ›Liza Jane‹ von Davie Jones with the King-Bees.

1965 DB zieht aus der elterlichen Wohnung aus.

1966 Nimmt den Künstlernamen David Bowie an.

1967 Das erste Solo-Album erscheint unter dem Titel *David Bowie*, findet jedoch kaum Beachtung.

1969 Die Single ›Space Oddity‹ erscheint, pünktlich zum Start der Apollo 11 im Juli – DBs Durchbruch. Im November erscheint das gleichnamige Album.

1970 Heirat mit Angela Barnett.
The Man Who Sold The World erscheint.

1971 Geburt des Sohns Duncan.
Besuch bei Andy Warhol in der Factory in New York.
Hunky Dory erscheint.

1972 Das Konzeptalbum *The Rise And Fall Of Ziggy Stardust And The Spiders From Mars* erscheint.

1973 *Aladdin Sane* erscheint; außerdem: *Pin Ups*, ein Album ausschließlich mit Cover-Versionen.

1974 *Diamond Dogs* erscheint, ein Konzeptalbum, das Motive aus George Orwells *1984* verarbeitet.

1975 Umzug nach New York.
Zusammenarbeit mit John Lennon. Das Album *Young Americans* erscheint. ›Fame‹ wird Nr.-1-Hit in den USA.

1976 DB spielt die Hauptrolle im Nicolas-Roeg-Film *Der Mann, der vom Himmel fiel.*
Station To Station erscheint.
Drogenabhängigkeit und finanzielle Probleme.
Umzug nach Berlin.

1977 DB lebt in Berlin-Schöneberg zusammen mit Iggy Pop. Freundschaft mit Coco Schwab.
Kontakt zur »Krautrock«-Szene.
Zusammenarbeit mit Brian Eno für die sogenannte »Berliner Trilogie«: *Low* und *Heroes* (beide 1977) sowie *Lodger* (1979).

1978 DB spielt die Hauptrolle in dem Film *Schöner Gigolo, armer Gigolo.*
Umzug mit seiner Frau Angela und Sohn Duncan in die französische Schweiz (Blonay bei Montreux).

1980 Scheidung. Angela zieht aus, DB bleibt mit seinem Sohn in der Schweiz.
Scary Monsters (And Super Creeps) erscheint.
DB spielt John Merrick im Broadway-Stück *The Elephant Man.*

1981 Zusammenarbeit mit Queen: Hit-Single ›Under Pressure‹.
Cameo-Auftritt im Film *Wir Kinder vom Bahnhof Zoo*, dessen Soundtrack aus Bowie-Songs besteht.

1982 DB spielt (neben Catherine Deneuve) die Hauptrolle im Horrorfilm *Begierde* von Tony Scott.

1983 DB spielt (neben Ryuichi Sakamoto) die Hauptrolle im Kriegsfilm *Merry Christmas, Mr. Lawrence* von Nagisa Ōshima. *Let's Dance* erscheint, DBs kommerziell erfolgreichste Platte.

1984 Zusammenarbeit mit Tina Turner für *Tonight*.

1987 *Never Let Me Down* erscheint, nach den kommerziellen vorigen Alben der Versuch, an *Scary Monsters* anzuknüpfen. Doch die Platte fällt bei Kritikern und Fans durch. DB gerät in eine Schaffenskrise, aus der er sich erst Mitte der neunziger Jahre befreit.

1989–92 DB gründet, zusammen mit Gitarrist Reeves Gabrels, die Hard-Rock-Formation Tin Machine. Es entstehen zwei Studioalben und ein Live-Album.

1992 Heirat in Lausanne mit Iman Abdulmajid, Model, Schauspielerin und Unternehmerin. Umzug nach New York.

1993 Nach sechs Jahren erscheint wieder ein Solo-Album: *Black Tie White Noise*, das an das poporientierte *Let's Dance* anknüpft.

1995–03 Neuerliche Zusammenarbeit mit Brian Eno für das Konzeptalbum *1. Outside*, mit dem DB zu seinem experimentellen Stil zurückfindet. Das Album leitet DBs ungemein produktive Spätphase ein: *Earthling* (1997), *Hours …* (1999), *Heathen* (2002), *Reality* (2003).

2000 Geburt der Tochter Alexandria Zahra.

2004 Beim Hurricane Festival in Scheeßel erleidet DB einen Herzinfarkt. Er reduziert in der Folge seine öffentlichen Auftritte auf ein Minimum.

2013 Nach zehn Jahren Schaffenspause erscheint *The Next Day*, eines von DBs erfolgreichsten Alben.

2015 Im Dezember wird DBs Musical *Lazarus* in New York uraufgeführt.

2016 Am 8. Januar erscheint das Album *Blackstar*. Am 10. Januar stirbt DB an Leberkrebs, der achtzehn Monate zuvor diagnostiziert worden war.

REGISTER

»Schriftsteller laufen im spontanen Dialog oft zu Hochform auf. Das zeigt eine neue Buchreihe des Zürcher Kampa Verlags.«
Manfred Koch / NZZ am Sonntag, Zürich

KAMPA SALON

Der Ort für die vielseitigsten Gespräche. Mit Ikonen von gestern und heute, großen Denkern, Schriftstellern, Musikern, Filmemachern, Künstlern und anderen bedeutenden Persönlichkeiten

»Das Gespräch ist die lohnendste und natürlichste Übung unseres Geistes.«
Michel de Montaigne

»Jeder SALON-Band ist eine Fundgrube und ein hochgradig animierendes Leseerlebnis.«
Hanns-Josef Ortheil

KAMPA SALON

Bob Dylan

Ich bin nur ich selbst, was immer das ist

Gespräche aus fünfzig Jahren

Es gibt genug Songs für immer und ewig, es muss nichts mehr komponiert werden, hat Bob Dylan einmal gesagt, und man möchte ihm fast beipflichten – mit der Einschränkung, dass er selbst bitte ausgenommen sein sollte. Längst eine lebende Legende, ein musikalischer Gigant unserer Zeit, noch dazu als erster Musiker überhaupt mit dem Literaturnobelpreis ausgezeichnet, schreibt Dylan weiter Songs und hat seine Never Ending Tour nur wegen der Covid-19-Pandemie unterbrochen. Preiswürdig sind nicht nur seine Songtexte, seine Lyrik und seine Autobiographie, auf deren zweiten und dritten Band die Fans schon lange sehnsüchtig warten, sondern auch diese unkonventionellen Interviews, die vor Witz, Poesie, Ironie und Weisheit nur so funkeln, was auch daran liegen mag, dass die Fragen seiner Gesprächspartner zuweilen recht bizarr anmuten. »Sind Sie Gott?«, wird Bob Dylan zum Beispiel manchmal gefragt. Und seine Reaktionen sind immer originell. Aber Bob Dylan nutzt Interviewtermine nicht nur für Showeinlagen oder verwandelt sie in Kunstperformances, er erzählt auch offen über sich und alles, was ihn umtreibt.

»Manchmal sind es die Irrtümer und Waghalsigkeiten des Denkens, die sich als besingenswert erweisen. Bob Dylan ist in diesem Sinne der Prophet einer neuen Poetik.«
Alexander Kluge

KAMPA SALON

Joni Mitchell
Ich singe meine Sorgen
und male mein Glück

Gespräche mit Malka Marom

Drei lange Interviews hat die Journalistin Malka Marom zwischen 1973 und 2012 mit Joni Mitchell geführt. Das Vertrauen zwischen den beiden Frauen ist groß, und so geht es in diesem Buch um alles: um Mitchells Kindheit in Kanada, ihre Polioerkrankung, ihre Mutter, der sie es nie recht machen konnte, ihre Leidenschaft für die Malerei. Unnachahmlich ehrlich erzählt Mitchell von ihrer frühen Mutterschaft, ihren Lieben, Weggefährten wie Leonard Cohen und Bob Dylan, ihrer Bewunderung für so unterschiedliche Musiker wie Charles Mingus und Whitney Houston, aber auch von ihrer Scheu vor Menschen, dem lauten Leben in L. A., der Stille in ihrem Haus im kanadischen British Columbia, wo nachts die Wölfe ums Haus schleichen – und von ihrer Begeisterung für die Literatur, ob für Nietzsche, der sie zum Lachen bringt, oder für das *I Ging*.

»Die begnadete, furchtlose Musikerin zeigt sich
im Gespräch so brillant wie als Sängerin und Texterin.«
Kirkus Reviews, New York

KAMPA SALON

Leonard Cohen
So long
Ein Leben in Gesprächen
Herausgegeben von Cornelia Künne und Daniel Kampa

Montreal, wo er 1934 geboren wurde, sei der einzige Ort, an dem er sich je zu Hause gefühlt habe. Leonard Cohens Eltern sind gläubige Juden, er selbst wird zeit seines Lebens ein spirituell Suchender sein. Und dann sind da noch die Frauen: Gitarre lernt er angeblich nur deshalb spielen, weil er ein Mädchen für sich gewinnen will. Zunächst aber zieht es ihn nicht zur Musik, sondern zur Literatur. Schon als Jugendlicher lernt er Gedichte Lorcas auswendig. Und Cohen schreibt selbst: Lyrik und Romane. Kaum jemand kann sich da vorstellen, dass er als Sänger Erfolg haben wird – mit dieser Stimme. Trotzdem versucht sich Cohen bald als Musiker, zunächst aus finanziellen Gründen. Auf dem Newport Folk Festival 1976 erlebt er seinen Durchbruch. In diesen Gesprächen erzählt Leonard Cohen eindringlich und mit Nonchalance von hellen und dunklen Zeiten, den Jahren auf der griechischen Insel Hydra, seinen Anfängen als Sänger in New York, seinem Judentum, seinen Depressionen, dem Rückzug ins Zen-Kloster und natürlich von seinen großen Songs.

»Leonard Cohen war ein Poet des Scheiterns. Kaum jemand schrieb schöner über die Sehnsucht in den dunkelsten Stunden.«
Julian Dörr / Süddeutsche Zeitung

KAMPA SALON

Sting
Message in a Book

Ein Porträt in Gesprächen mit Martin Scholz

Mit Sting kann man wirklich über alles reden. Neunmal hat Martin Scholz den Musiker in den vergangenen zehn Jahren getroffen, ob in Stings Geburtsstadt Newcastle, seiner Wahlheimat New York, einem Berliner Studio oder einem Hotel in Paris. Immer wieder Thema: Stings wechselnde Barttracht – Ausdruck seiner Lust, sich ständig neu zu erfinden? Kaum ein Musiker ist so wandelbar wie er. Schon Ende der siebziger Jahre feierte Sting Erfolge mit der Wave-Rock-Band The Police. Als Solokünstler wandte er sich dem Jazz zu, sang Lieder des Renaissance-Komponisten John Dowland, Hip-Hop- Songs und Seemannslieder, nicht alles zur Freude seiner Fans. Aber Sting ist nicht nur Musiker, sondern auch ein engagierter Kosmopolit: Er schimpft über den Brexit und den Trumpismus, erzählt von seinem Kampf für den Schutz des brasilianischen Regenwalds. Sinnkrisen, das Älterwerden, schnelle Autos und Stings Weingut in der Toskana sind ebenfalls Thema, »sein« Fußballverein Newcastle United – und natürlich die Musik.
Und was sagen andere Künstler über Sting? Mit Frank Schätzing und Udo Lindenberg geben zwei große Bewunderer Auskunft.

»Schön zu lesen, wie über die Jahre in den Gesprächen eine Vertrautheit wächst, ein oft humorvoller, auch ironischer Umgang mit den Themen.«
Thomas Stillbauer / Frankfurter Rundschau

KAMPA SALON

Billy Wilder
Hat es Spaß gemacht, Mr. Wilder?

Gespräche mit Cameron Crowe

Nach den drei wichtigsten Regeln des Filmemachens gefragt, antwortete Billy Wilder bekanntlich: »Du sollst nicht langweilen, du sollst nicht langweilen, du sollst nicht langweilen.« Und daran hält er sich auch als 93-Jähriger im Gespräch. Niemand ist vor seinem bissigen Humor sicher, ob Marlene Dietrich, »Mutter Teresa mit schöneren Beinen«, Erich von Stroheim, dem er eine Vorliebe für Dessous nachsagt, oder Marilyn Monroe, »ein endloses Rätsel ohne jede Lösung«. Und der Regisseur Cameron Crowe ist ein fordernder Gesprächspartner, der Wilder erhellende Bekenntnisse entlockt, über seine Vorliebe für Schwarz-Weiß oder seinen Sinn für Ausstattung zum Beispiel. Und Wilder erinnert sich: an seine Jugendjahre in Wien, seine Zeit als Journalist in Berlin und die Emigration in die USA, wo er sich als bettelarmer Drehbuchautor zunächst ein winziges Hotelzimmer mit einem gewissen Peter Lorre teilte – immerhin im Chateau Marmont.

»So offenherzig wie vergnüglich.«
Die Zeit

»Auf jeder Seite finden sich Perlen.«
The Guardian, London

KAMPA SALON

Federico Fellini
Ich bin fellinesk

Gespräche mit Costanzo Costantini

Erzählen, sagt Federico Fellini, sei für ihn das einzige Spiel, das sich zu spielen lohne. Und so »erzählt« Fellini, der geborene *raconteur*, in diesen Gesprächen sein Leben – leidenschaftlich, tiefgründig, amüsant, filmreif, eben »fellinesk«: von seiner Kindheit in Rimini, von den Inspirationen zu seinen Filmen, von seiner Zusammenarbeit mit Filmgrößen wie Anita Ekberg, Marcello Mastroianni oder Pier Paolo Pasolini bis zu seiner Dankesrede für den Ehrenoscar, als er seine Frau Giulietta Masina bat, mit dem Weinen aufzuhören, obwohl er ihre Tränen von der Bühne aus nicht sehen konnte. Fellini spricht über Neorealismus und Katholizismus, Psychoanalyse und Fieber am Set – und über Filmangebote aus dem arabischen Raum: »Vielleicht wollten die, dass ich einen Film mache über die religiösen und mystischen Gefühle, die Erdöl hervorruft.«

Dass der Journalist Costanzo Costantini, der Fellini über dreißig Jahre immer wieder interviewt hat, längst ein Freund geworden war, merkt man dem entspannten Charakter der Gespräche an, die das intime Porträt eines der großen Filmemacher des 20. Jahrhunderts zeichnen.

»In meinen Augen ist Fellini das Kino.«
Georges Simenon

KAMPA SALON

Susan Sontag
The Doors und Dostojewski

Das Rolling-Stone-Interview mit Jonathan Cott

Susan Sontag und Jonathan Cott treffen sich 1978 zum Interview. Erst in Sontags Pariser Wohnung, dann in ihrem Loft in New York. Entstanden ist ein vielseitiges Porträt, das Susan Sontag als große und agile Denkerin zeigt, vor der kaum ein Thema sicher war – Feminismus, Faschismus, Ästhetik, Ideologie, Chuck Berry oder Friedrich Nietzsche – und die sich keinen Deut um die Trennung von Hoch- und Popkultur scherte. Auch in ihr Privatleben gewährt Sontag Einblick und erzählt von ihrer Rolle als Mutter, ihrer Ehe und ihrer Krebserkrankung, die sie zu einer ihrer wichtigsten Publikationen, *Krankheit als Metapher,* veranlasste. Und selbst der Humor, eigentlich nicht Sontags Markenzeichen, kommt in diesem Buch nicht zu kurz.

»Dieses Buch ist ein besonders großes Glück.«
Jens-Christian Rabe / Süddeutsche Zeitung

»Sontags Drang, selbst das, was sie nicht ist, zu verstehen, macht aus diesem Gespräch eine überaus intelligente Unterhaltung.«
Ingrid Mylo / Badische Zeitung

KAMPA SALON

Joan Didion

Dinge zurechtrücken

Gespräche aus vierzig Jahren

Zusammengestellt von
Ann Kathrin Doerig

Dieser Band versammelt die besten Gespräche der »Schriftstellerin und Ikone« (*The New Yorker*) aus vier Jahrzehnten. Joan Didion erzählt von ihrer Kindheit in Sacramento, ihrer Studienzeit in Berkeley, den Jahren in New York und Los Angeles. Sie denkt nach über ihre Ehe mit dem Schriftsteller John Gregory Dunne, seinen unerwarteten Tod und den ihrer Tochter Quintana nur zwei Jahre später – Schicksalsschläge, die sie in ihren Erinnerungsbüchern *Das Jahr magischen Denkens* und *Blaue Stunden* verarbeitete, die schon jetzt als Meilensteine des Genres gelten. Aber natürlich geht es in diesen Gesprächen auch um Literatur, um das Schreiben von Romanen, das dem nicht-fiktionaler Texte so gar nicht gleicht, um das Schreiben als Akt der Notwehr, um Politik und Engagement, Sonnenuntergänge an der kalifornischen Küste, lange Spaziergänge durch New York und vieles mehr. Ein reiches Leben ist hier zu besichtigen und das Werk einer Frau, deren Stil wegweisend war und immer noch ist: »Didion still glitters«, schrieb die *New York Times*.

»Ein aufregend schillerndes Bild der Schriftstellerin.«
Frauke Meyer-Gosau / Süddeutsche Zeitung